中国文化遗产研究院◎文物保护科技系列◎2021年

浙江瓯海西周土墩墓出土青铜器修复与保护研究

中国文化遗产研究院　马菁毓　著

学苑出版社

图书在版编目（CIP）数据

浙江瓯海西周土墩墓出土青铜器修复与保护研究 / 马菁毓著．
—北京：学苑出版社，2021.8
ISBN978-7-5077-6250-1

Ⅰ.①浙…　Ⅱ.①马…　Ⅲ.①青铜器（考古）—文物保护—研究—浙江②青铜器（考古）—器物修复—研究—浙江
Ⅳ.① K876.41

中国版本图书馆 CIP 数据核字（2021）第 169551 号

责任编辑：	周　鼎
出版发行：	学苑出版社
社　　址：	北京市丰台区南方庄2号院1号楼
邮政编码：	100079
网　　址：	www.book001.com
电子信箱：	xueyuanpress@163.com
联系电话：	010-67601101（营销部）、010-67603091（总编室）
经　　销：	全国新华书店
印　刷　厂：	北京建宏印刷有限公司
开本尺寸：	889×1194　1/16
印　　张：	10.25
字　　数：	173 千字
版　　次：	2021 年 10 月第 1 版
印　　次：	2021 年 10 月第 1 次印刷
定　　价：	300.00 元

前　言

2003年9月，在浙江温州市瓯海区，一座西周时期的土墩墓出现在世人眼前。土墩墓是西周时期吴越地区普遍采用的墓葬形制。吴越，是江浙地区的古称，即江苏南部、上海、浙江、安徽南部、江西东北部一带。所谓土墩，即地面堆筑成的土堆。在堆成的土墩上造墓穴，较适应南方多河湖、地下水位较浅等条件的地方。该墓中出土了一批种类丰富、组合完整、制作工艺精良的青铜器与玉器。2006年4月21日，这批文物被运输至中国文物研究所，修复正式启动。

土墩墓中出土了铙、簋、鼎、矛、戈、剑、镞等青铜礼器和兵器。这批器物具有很高的科学研究价值，是研究西周时期越地地域文化与工艺水平的重要实物资料，为研究古老"瓯人"的生活方式提供了重要物证，同时也填补了浙江土墩墓出土青铜器的空白。这座土墩墓也是浙江省迄今为止最为重要的一座西周墓葬遗址。

这座跨越了三千多年岁月的土墩墓被发现于温瑞塘河中游一个历史悠久的村落——惠丰村。该地四季分明，雨水充沛，这也使得其土壤环境较为潮湿，长期埋藏于南方酸性土壤中的青铜器整体腐蚀十分严重，出现不同程度的酥脆、断裂等情况，其中腐蚀严重的剑及矢镞等在考古现场采取了整体带土提取的方法。这批青铜器从表面观察，整体上外观平整，看似保存状况较好，但在移动及后续的操作过程中发现，文物结构十分脆弱，稍有磕碰就会破碎，保存状态非常不稳定，亟待进行保护处理。

在修复实践过程中，对高度矿化青铜器的提取和加固方法、实验室考古清理进行了探索，较好地完成了保护修复任务。针对考古现场带土提取且承载信息复杂的脆弱文物，提出了实验室考古清理的明确概念和学术内涵，利用土壤加速腐蚀方法模拟出此类文物在南方酸性土壤中的腐蚀形成及影响因素。几经攻关，获得了此类文物的保护处理方法。

随着科技进步，越来越多的脆弱复杂文物得以在考古现场保存下来，对此类技术的需求也日益增多。瓯海这批经过保护处理的文物，在 15 年后保存状态依然良好，满足对脆弱复杂文物的保护需求。将此批文物的保护修复方法与大家分享，希望可以在这个领域引起更加广泛的讨论，由此来带动青铜器修复技术的发展。

目　　录

第一章　文物概况　　　　　　　　　　　　　　　1
  1. 文物价值评估　　　　　　　　　　　　　　1
  2. 修复实施路线　　　　　　　　　　　　　　2
  3. 项目管理　　　　　　　　　　　　　　　　3

第二章　实验室清理　　　　　　　　　　　　　　4
  1. 保存状况　　　　　　　　　　　　　　　　4
  2. 检测分析　　　　　　　　　　　　　　　　8
  3. 实验室清理过程　　　　　　　　　　　　　12
  4. 剑鞘及埋藏形制方面的讨论　　　　　　　　16
  5. 小结　　　　　　　　　　　　　　　　　　20

第三章　检测分析　　　　　　　　　　　　　　　21
  1. 土壤分析　　　　　　　　　　　　　　　　21
  2. 绿松石分析　　　　　　　　　　　　　　　22
  3. 玉石分析　　　　　　　　　　　　　　　　27
  4. M1∶24 腐蚀产物分析　　　　　　　　　　31
  5. M1∶25 戈锈蚀分析　　　　　　　　　　　36

第四章　保护处理　　　　　　　　　　　　　　　42
  1. 典型器物的保护处理　　　　　　　　　　　42
  2. 处理效果讨论　　　　　　　　　　　　　　52

3. 保护处理具体实施方法　　　　　　　　　　59
　　4. 保护处理前后效果图　　　　　　　　　　　59

第五章　项目研究　　　　　　　　　　　　　87
　　1. 技术路线　　　　　　　　　　　　　　　87
　　2. 高矿化度青铜器加固技术　　　　　　　　88
　　3. 高矿化度青铜器现场提取技术　　　　　　89
　　4. 日常维护和预防性保护　　　　　　　　　89

第六章　青铜腐蚀与土壤环境关系研究　　　　91
　　1. 青铜合金的组织结构　　　　　　　　　　91
　　2. 青铜腐蚀产物研究　　　　　　　　　　　93
　　3. 青铜腐蚀机理研究　　　　　　　　　　　97
　　4. 青铜土壤腐蚀研究方法　　　　　　　　　102
　　5. 瓯海出土青铜器的腐蚀特征　　　　　　　105
　　6. 青铜土壤腐蚀极化曲线研究　　　　　　　111
　　7. 土壤埋藏实验　　　　　　　　　　　　　121
　　8. 电化学加速下的土壤埋藏腐蚀研究　　　　132
　　9. 瓯海出土青铜腐蚀物的成因分析　　　　　138

附录一　瓯海西周土墩墓出土青铜器的实验室
　　　　　考古清理　　　　　　　　　　　　　143

附录二　瓯海出土一件西周青铜器腐蚀成因研究　149

后　记　　　　　　　　　　　　　　　　　　156

第一章　文物概况

2003年9月，浙江温州市瓯海区发现了一座西周时期的土墩墓，出土了铙、簋、鼎3件青铜礼器和一批矛、戈、剑、镞等青铜兵器，同时出土的还有玦、镯、柄形器等一批玉器。

2005年8月，浙江省温州市瓯海区文博馆来函，请中国文物研究所对其西周时期土墩墓出土的铙、簋、鼎3件青铜礼器和一批矛、戈、剑、镞等青铜兵器提供保护。9月初，中国文物研究所科技中心派3人前往该馆实地考察，对文物的保存状态进行了初步调查。9月底完成保护方案制定，当年底该方案经国家文物局专家组评审通过。鉴于文物是带土提取，器物的矿化度很高，经过双方协商达成共识，尽快启动该项目。2006年4月21日，该批文物运到中国文物研究所，修复正式启动。

1. 文物价值评估

1.1 历史价值

浙江地区通过正式考古手段发掘的商周时期墓葬中，少有青铜器出土，除绍兴坡塘306号战国土坑墓出土了一大批青铜器，吉安三官乡一批鼎、觚、爵等商代青铜器也可能出于墓葬（但墓葬的性状不明）外，在已经发掘的大量土墩墓中，仅在台州地区的苹岩小人尖西周土墩墓中，出土过镈、剑、戈、矛等青铜器。因此，这次温州瓯海西周土墩墓中铙、簋、鼎、矛、戈、剑、镞等青铜礼器和兵器的出土，无疑是一次十分重大的发现[1]。浙江省考古所潘鼐说这是一座西周中期的土墩墓，墓主人可能是一

---

[1] 浙江温州瓯海西周土墩墓出土青铜礼器和青铜兵器. 中国文物报，2003年10月31日（1161期）第1版.

位统兵打仗的军事首领，具有很高的身份与地位。[①]

这批青铜器不仅时代较早，而且组合完整，发现的意义非同一般。它为西周时期越地青铜器特征、越地青铜器与中原地区青铜器的关系以及越地青铜器组合关系等方面的研究，提供了十分重要的考古新资料。

1.2 制造工艺价值

先秦青铜器丰富的内涵和技术内容，是由多种材料、多种加工和装饰工艺共同创造的。各式各样的宝石、玉石、金、银、铜乃至琉璃等原料，被广泛地用于装饰青铜器，而工艺手段则是嵌、错、鎏、贴、包并行使用，形式和内容不拘一格。镶嵌技术尤以春秋晚期和战国时代最为繁荣。

随着青铜时代的进程，镶嵌技术日趋成熟，如偃师二里头遗址出土了5块镶嵌绿松石的铜牌。尤其是1975年出土的那件铜牌，已经表现出高超的镶嵌工艺水平。殷墟时期镶嵌工艺主要用于兵器，国家博物馆收藏有商代的镶嵌绿松石青铜罍，是目前所知最早带有镶嵌物的容器。

西周时期的镶嵌制品较少，见诸报道的只有陕西岐山贺家村西周早期墓出土的两件铜戈，分别在内部用绿松石嵌作夔龙纹，在援部嵌2颗绿松石，象征饕餮纹。早年在河南浚县辛村西周墓中曾出土一件嵌贝戈，现藏于华盛顿Freer美术馆。[②]

本批青铜器，尤其是3把青铜短剑均镶嵌有复杂的绿松石，虽然都出现残缺，但不难看出其做工精细。在实验室清理过程中还发现有镶嵌绿松石的剑鞘存在。这些为研究西周时期的制造工艺，尤其是镶嵌工艺的发展和使用情况，无疑提供了一些重要资料。

2. 修复实施路线

文物运到文物研究所后，张廷浩所长和马清林副所长都考察了这批文物，提出务必在保护好这批文物的同时，做好实验室科学清理和研究工作，因此本项目围绕实验

[①] 温州瓯海发现西周铜器墓.文物天地，2006（9）：80-83.
[②] 苏荣誉，等.中国上古金属技术.济南：山东科学技术出版社，1995：329.

室科学清理、与文物相关的科学研究和保护技术三方面展开。

3. 项目管理

3.1 项目计划的制订

任务开始时首先制定了实验室清理工作计划、分析检测研究计划和保护修复实施计划。实验室清理工作计划主要有三项内容：建立档案、取样和实验室清理。计划以 M1∶22 的清理为例，主要目的是在确定适合的实验室科学清理方法后，剥离出土壤中的 2 把铜剑和玉璧，并认知组合关系及含义。在这个过程中同时获得残块样品和土壤样品，并完整记录。分析检测研究计划首先明确分析目的，规划任务时间，并明确了具体内容。制定了从工艺研究、腐蚀产物及与腐蚀环境关系的具体分析研究路线。保护修复实施方法研究中确定要对项目中 3 个技术难点进行实验研究。

3.2 项目管理

为有效地保证项目顺利实施，首先制定了项目时间进度表。根据项目合同，把 10 个月的任务分解到每一个月，明确各个时间段上的具体工作内容。根据时间进度表来督促和提醒，保证项目的有效实施和有序进行。为控制分析研究任务的有效和有序，制定了项目实施总体要求，包括资料收集、样品分析、器物保护处理和研究工作四个方面，并细化了研究内容。

3.3 项目实施

项目严格按照国家文物局批准的《浙江瓯海土墩墓出土西周青铜器抢救性保护修复方案》实施。

第二章　实验室清理

1. 保存状况

M1：22与M1：24两剑叠压，由于腐蚀严重，考古现场整体提取后，在实验室进行清理及保护处理。

M1：22与M1：24剑腐蚀严重，轻触就会酥解掉块。因此，在不进行化学保护处理的情况下，无法分离两把剑及另一层玉质部分。

肉眼观察发现，上边的M1：22剑整体腐蚀严重、酥脆，在搬运的过程中，两侧剑锋残缺，但纹饰基本保存完整；侧面看剑体发生变形；剑首有镶嵌绿松石痕迹，下边土中有松石保留；剑首残损缺失。夹在两把剑中间的玉玦，从露出部分看，表面形成腐蚀光膜，一侧剑首已经断裂，剑首镶嵌绿松石，部分绿松石遗失，上部残损。运到实验室的保存状态见下图。

M1：22与M1：24整体效果正面

M1∶22 剑

M1∶24 整体效果侧面

M1∶22 剑侧面

M1∶22 剑纹饰

M1：22 剑尖部

M1：24 剑首放大

M1：24 剑首侧面

2. 检测分析

2.1 X 光探伤检测分析

为探明土下的 M1：24 剑保存情况，做了 X 光探伤检测分析。分析结果见下图。

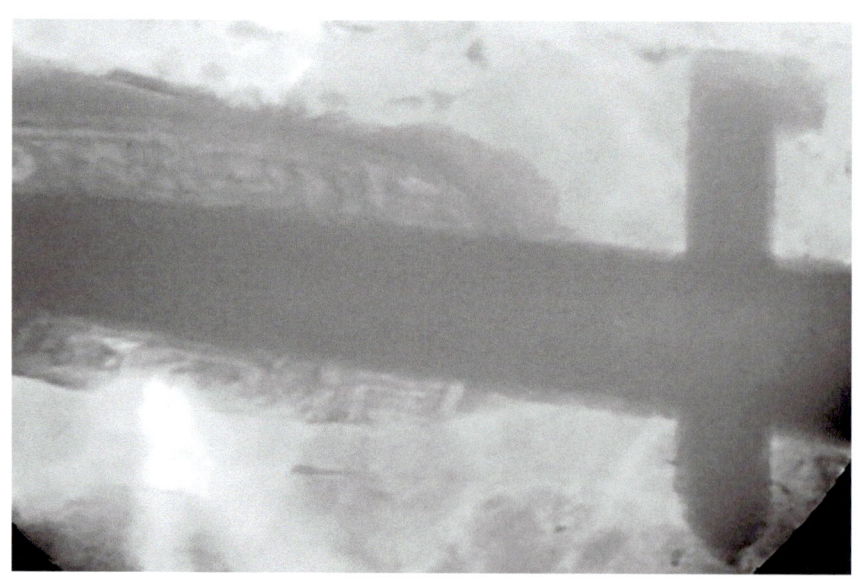

M1：22 剑

M1：22剑与M1：24剑部分交叉

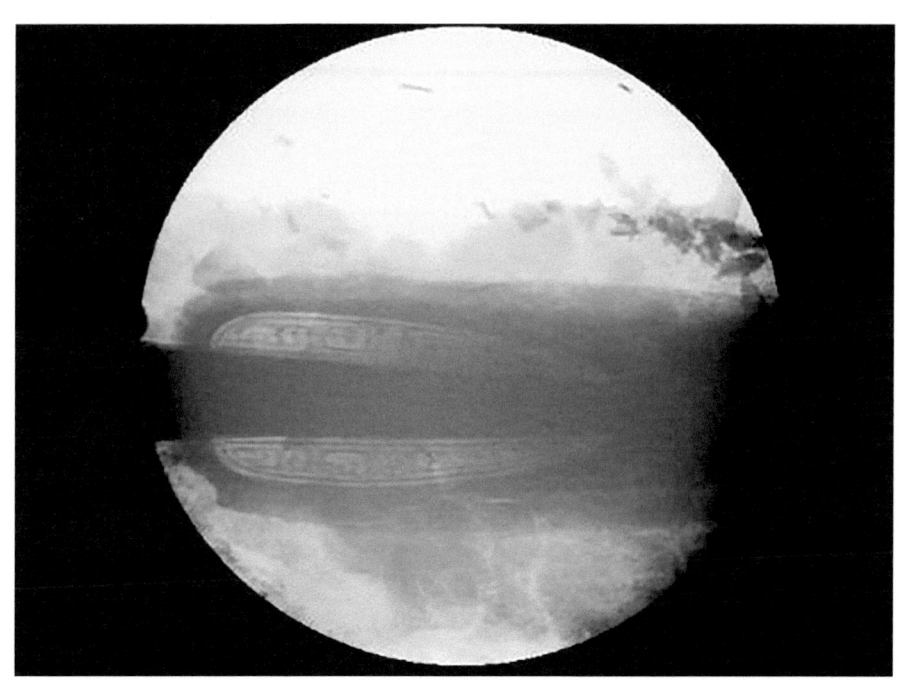

M1：24剑的花纹清晰可见，边缘酥脆、多处断裂

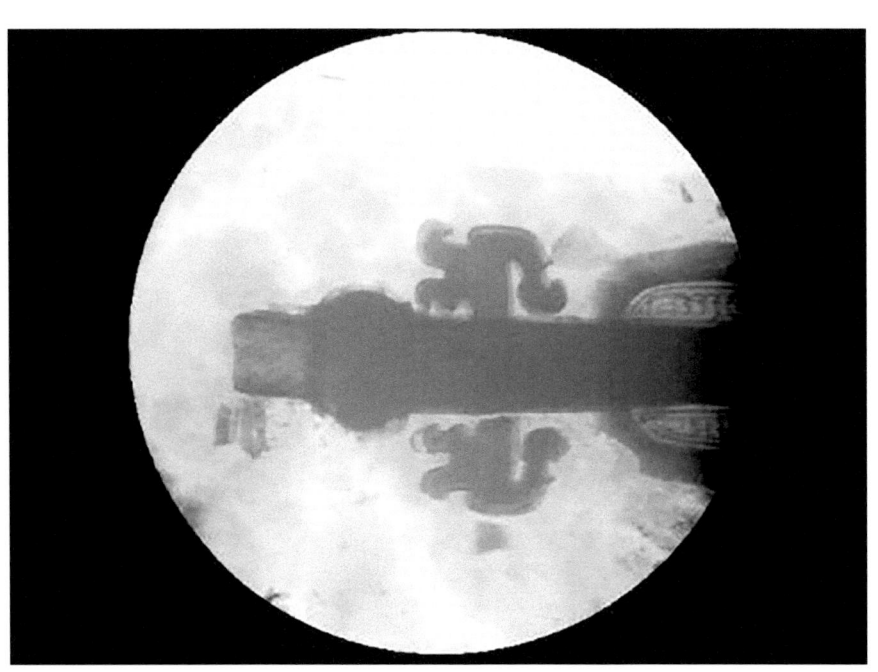

剑首镶嵌绿松石部分整体形象清晰

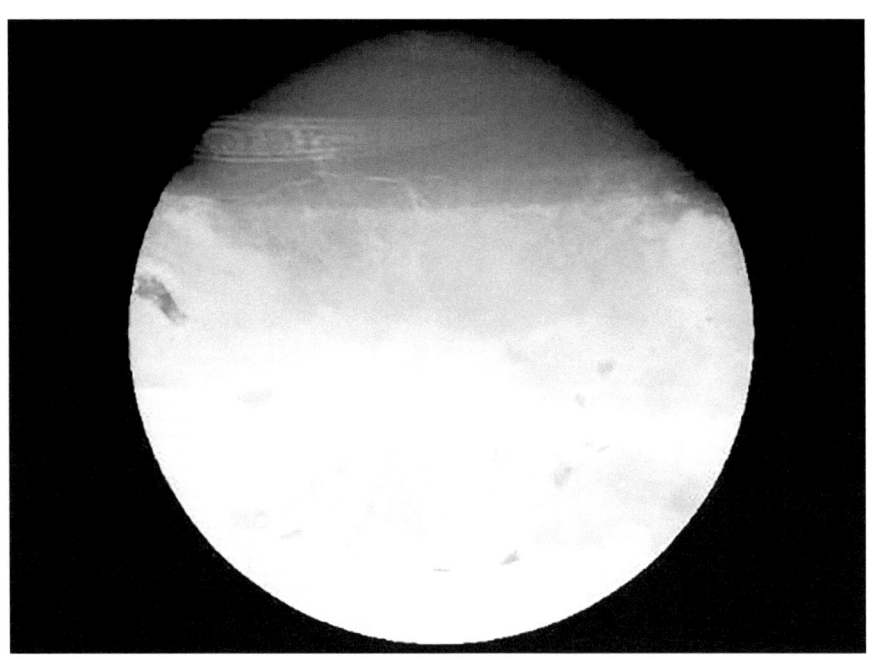

剑刃酥脆,多处断裂,腐蚀严重

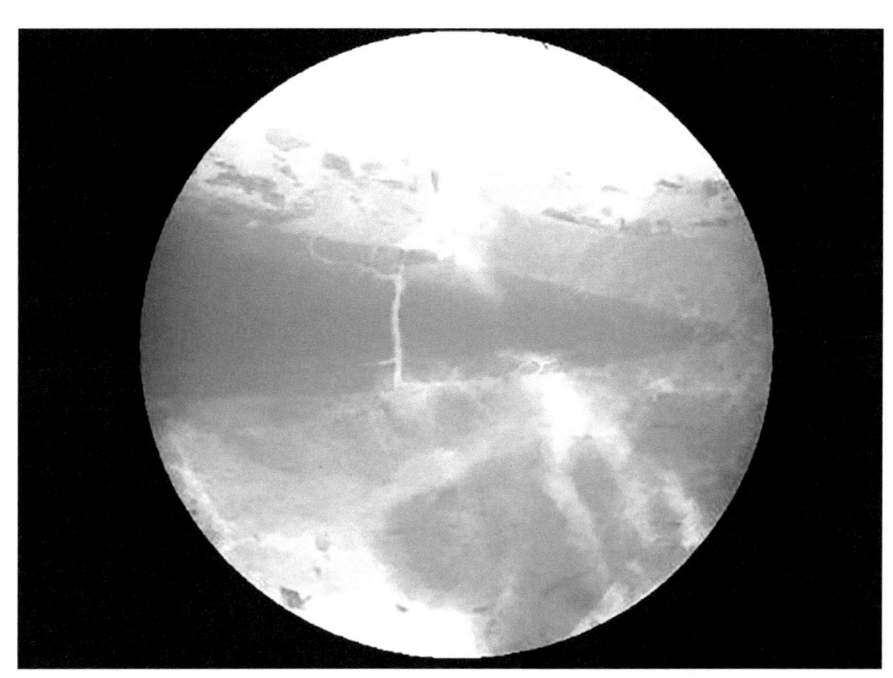

剑尖 3 处断裂，边缘酥脆断裂

在 X 光照射下，玉玦对射线没有阻碍，没有成像。X 光图像显示 M1：22 剑腐蚀严重，两剑交叉放置；M1：24 剑花纹区基本完整，剑首镶嵌绿松石部分整体形象清晰，剑刃腐蚀严重、酥脆，已经多处断裂，剑尖 3 处断裂。

2.2 土工实验

考虑到在把两把青铜剑及玉石从叠压状态分离时，过多的水会对下边的 M1：24 青铜剑造成损害。因此，清理时要了解土壤的力学性质，对水量进行控制。

检测结果表明埋藏的土壤为粉质黏土。黏性土壤的状态随含水率的变化而变化，当含水率不同时，根据液限含水率，黏性土可分别处于固态、半固态、可塑状态及流动状态。当处于流动状态时，不仅会使青铜剑受到损伤，还会污染文物，给后期的保护工作带来困难。可塑状态土壤比较松软，易剥离，因此，保持土壤在可塑状态最有利于清理和安全。

实验结果显示土壤的液限 W_1 是 32%，塑限 W_p 是 18%，即是含水率要保持在 18%—32% 之间。因此在实际操作中，加水的速度要均匀而缓慢，使水充足渗透，使土壤保持在塑性状态。

3. 实验室清理过程

3.1 标明 M1：22 与 M1：24 的相对位置关系

为将来进一步考古研究的需要，首先画线形图，标明 M1：22 与 M1：24 的相对位置关系，线性图如下图所示。

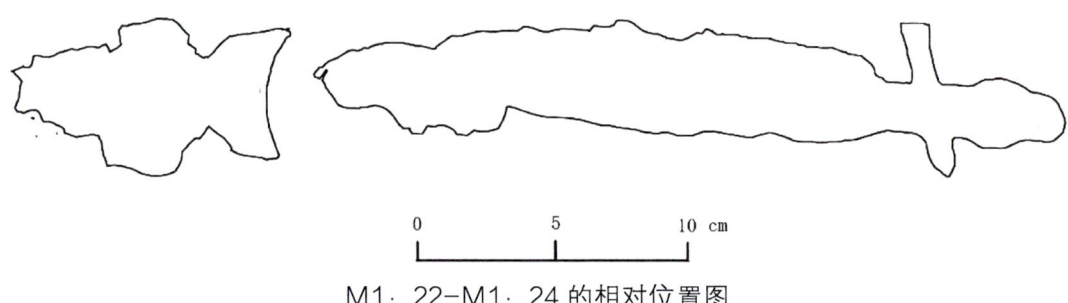

M1：22-M1：24 的相对位置图

3.2 拍照并提取 M1：22 剑

获取多角度和细节照片，贯穿整个过程。提取 M1：22 剑（M1：22 剑在运输过程中已经与土分离），为方便下一步操作处理，除掉外包装木盒子，过程如下图。

拍照

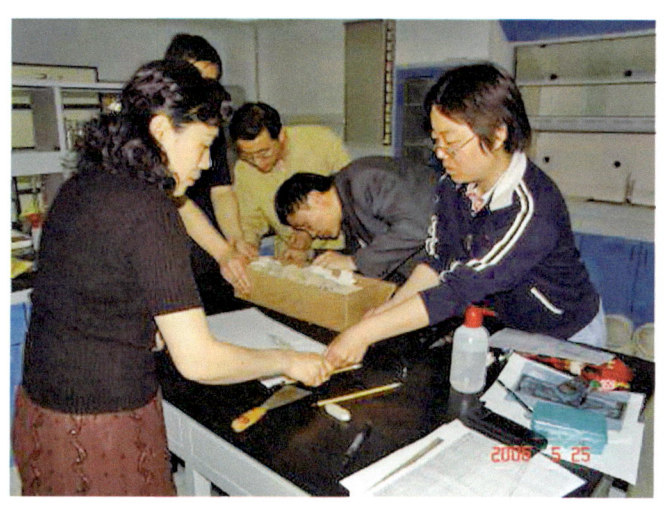

分离 M1：22 剑

3.3 获取 M1：22 剑周边残块和土壤样品

收集 M1：22 剑周边残块，以备后期的保护处理和分析。适当提取一部分土壤留作样品。

3.4 留取痕迹

M1：22 剑腐蚀严重，尤其是边缘残损多，但是剑的轮廓在土壤上留下的痕迹很清晰，决定保留 M1：22 剑在土上的痕迹。采取方式：3%B72丙酮溶液加固，石膏翻模，软化土层后剥离。过程见下图。

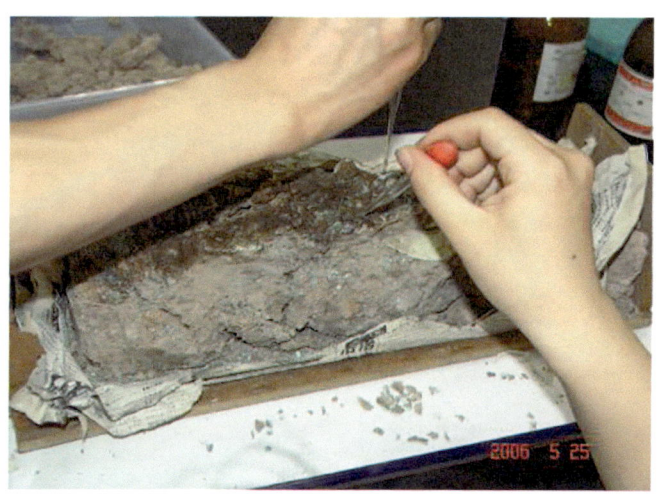

揭取 M1：22 剑痕迹－加固过程

揭取 M1：22 剑痕迹－加固后效果

揭取 M1：22 剑痕迹－石膏翻模

揭取 M1：22 剑痕迹 – 剥离

3.5 玉玦的清理

去除 M1：22 剑下的土后，露出埋藏的两组玉玦。为将来进一步研究的需要，表明两组玉玦的相对放置关系，画线性图，见下图。

除去 M1：22 剑下的土后

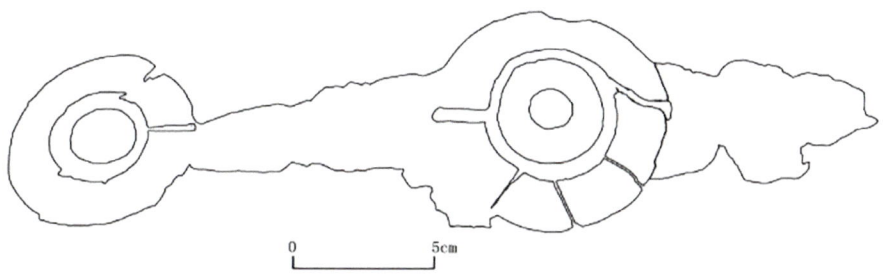

玉玦相对放置关系图

3.6 M1：24 剑的清理

取出玉玦后，露出 M1：24 剑。发掘清理出的 M1：24 剑，残损严重，高度矿化，与 X 光片结果相近。如下图。

清理出的 M1：24 剑

4. 剑鞘及埋藏形制方面的讨论

4.1 关于两组玉玦

两组玉玦相对而放，形制工整，明显为有意识放置，这种形式并不常见，更有专家说是首次发现。关于这种放置形制，有专家推测可能是两把剑上悬挂的挂件饰品。但也有的专家说由于玉玦尺寸过大，这种可能性不大，而仅仅是出于某种原因，放置在这里。显然，玉玦与铜剑形成了某种特定的关系，所反映的历史真相还有待获得更多的同类资料后做进一步研究。

4.2 关于剑鞘

在剥离 M1：24 剑表面土层时，看到一些有机质腐朽后形成的黑色物质，具体见下图。取少量 M1：21 剑下的土壤，在显微镜下观察，发现了木材的组织结构，据此推断，剑鞘的材质是木头。M1：21 剑上有木头腐朽后残留的竖纹痕迹，在下葬时两把剑应该都有剑鞘。在靠近剑中部的土层中存在一些绿松石，由与黑色物质的相对位置关系看，两者都是在原始位置，没有后期扰动的痕迹，据此推测绿松石是剑鞘的镶嵌物。

显微镜下观察，木头的组织结构（一）

显微镜下观察，木头的组织结构（二）

表面黑色物质，有木头的竖纹状痕迹

靠近剑中部，在两组玉玦之间的土层中发现一些绿松石

取少量黑色膜状物进行红外检测分析，检测结果的峰值与已经发表的大漆峰值接近（数值见下表），可能是大漆，表明木质剑鞘表面曾有大漆涂覆。

已经公布的古代漆器红外吸收峰值表

Kenjo 数据 /cm⁻¹ 日本	Derrik 数据 /cm⁻¹ 中国	中国[①] /cm⁻¹	三星堆数据[②] /cm⁻¹	本实验数据 /cm⁻¹
3400	3450	3421	3400–3500	3425
2925	2926	2938	2938	2927
2850	2885	2856	2856	2855
1430–1465	1435–1465	1653	1740–1780	1706
1595–1720	1315	1541	1653	1566
1065	1145–1165	1240	1435	1408
993	1050–1090	1084	1240	1035
			1010–1085	

4.3 对痕迹的保护处理

上图中痕迹经过研究判断可能为剑鞘残存痕迹，依据发掘时的位置关系，模拟了与 M1：24 剑的位置关系。保存处理方式如下图所示。

痕迹的保存图

[①] 马清林，等．中国文物分析鉴别与科学保护：113．
[②] 中国文物研究所编．文物科技研究，三星堆祭祀坑出土金面头像上的铜－金黏合剂分析（本表第 4 列数据引自）：P1–9．

这个痕迹的保留，将破坏原定计划对 M1：22 剑残留土上痕迹的保留，经过权衡利弊，考虑 M1：22 剑在考古现场已经暴露出来，已经有了比较全面的研究。而剑鞘残存痕迹的保留，存在更多的可能性，具有更重要的研究价值。这样的处理希望在将来存在更多的资料来印证在西周确实有这样的剑鞘，也为科技进一步发展后，留下了对其继续研究的空间。

4.4 结论

综上所述，得出推论，M1：22 剑与 M1：24 剑相对而放，两把剑均有剑鞘，材质可能是木头，表面有大漆涂覆。M1：24 剑的剑鞘上镶嵌有绿松石，两组玉玦放置在有绿松石镶嵌的剑鞘上。

5. 小结

经过实验室清理，发现了现场考古发掘未能发现的一组玉玦和其他一些重要迹象，对埋在土中的 M1：24 剑也比较完整地提取出来，完成了此次工作的第一阶段任务。

初步对埋藏形制进行探讨，根据存在的遗迹判断存在有带镶嵌物的剑鞘，材质可能是木头。由于墓葬埋藏条件的复杂性，本项目仅仅是凭借一些迹象和有限的科学分析结果，因此还只能说是推论，也还有待获得更多的研究资料后做对比分析。

第三章 检测分析

1. 土壤分析

1.1 土壤pH值测定

实验方法：Phs-3C精密pH计，玻璃电极法GB 6920-86。

实验结果：pH值5.06，呈酸性。

1.2 土壤成分分析

在离青铜远近不同的两个点取样，具体位置见下图。利用X射线荧光光谱仪分析土壤成分，结果见下表所示：

取样位置点

X射线荧光光谱仪分析结果

编号	成分（%）									
	Si	Fe	Al	K	Cu	Ti	S	Mn	Pb	Zn
M1：25-5	42.94	21.40	11.78	9.96	4.12	3.01	2.92	2.00	1.81	0.08
M1：25-1	47.19	24.02	11.40	10.63	0.89	3.42	1.75	0.46	0.24	

分析结果表明：靠近金属的土层中含更多的铜元素，显示铜随腐蚀向土壤扩散。

1.3 M1：24剑下土壤分析

取样：M1：24剑下的土壤取10克左右。

实验方法：仪器型号ICS-90离子色谱。阴离子实验条件：采用离子色谱法GB/T14642-1993，柱子型号AS14A，淋洗液流速1.0Ml/分钟，柱压1800psi。阳离子实验条件：采用离子色谱法GB/T15454-1995。柱子型号CS12A，淋洗液流速1.0M/分钟，柱压1235psi。实验结果见下表。

OZ-T-1 离子色谱分析结果

分析参数	Na^+	K^+	Mg^{2+}	Ca^{2+}	NH_4^+	F^-	Cl^-	SO_4^{2-}	NO_2^-	HCO_3^-
M1：克/升	5.66	8.97	3.70	1.79	9.95	0.14	7.97	7.65	0.07	37.17

离子色谱分析显示土壤中NH_4^+和HCO_3^-含量高，有Cl^-存在。

1.4 小结

经检测土壤pH值为5.06，显示埋藏环境呈弱酸性。靠近金属的土壤层中含更多的铜元素，离子色谱分析显示土壤中NH_4^+和HCO_3^-含量高，土壤中有Cl^-存在。

2. 绿松石分析

绿松石是铜和铝的磷酸盐矿物集合体，以不透明的蔚蓝色最具特色，也有淡蓝、蓝绿、绿、浅绿、黄绿、灰绿、苍白色等颜色。一般硬度5至6，密度2.6至2.9，折射率约1.62。绿松石质地不均匀，颜色有深有浅，甚至含浅色条纹、斑点以及褐黑色的铁线。致密程度也有较大差别，孔隙多者疏松，少则致密坚硬。抛光后具柔和的玻璃光泽或蜡状光泽。

绿松石在我国是古老的传统玉石，早在新石器时代，它同青玉、玛瑙等玉石一起用作装饰品。据《中国古代矿业开发史》一书中的统计，从新石器晚期的齐家文化和大汶口文化遗址到南北朝时期的墓葬中，有多处发现过绿松石装饰品。我国绿松石，除著名产地鄂西北外，近几年在陕西、新疆、安徽、河南等省都有发现，由于鄂西北诸县古属襄阳道管辖,所以又把鄂西北诸县所产的绿松石称为襄阳甸子。但世界上绿松石的产地以波斯最著名,因通过土耳其输入欧洲各国,又有"土耳其玉"或"突厥玉"之称。在鉴定我国古代出土的绿松石制品时,应考虑其原料来源,不一定都是襄阳甸子。

2.1 取样

ZY-01 为绿色,外观与绿松石接近,因此与绿松石组成一组分析,绿松石取样位置及编号见下图;松石样品又在脱落块中,取位置关系不明确的两块,编号分别为 ZY-05、ZY-06。

绿松石取样编号图

2.2 体视显微镜观察

所用体视显微镜为日本 Olympus 光学显微镜。在体视显微镜下观察样品,并拍摄照片如下图。

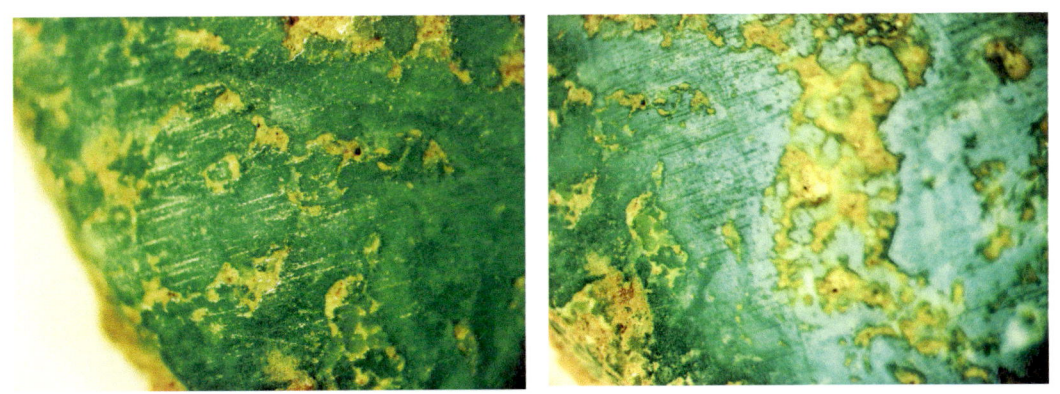

体视显微镜 3×

可见交叉打磨的痕迹，边缘加工不是很整齐。表面受盐分侵蚀，成坑。表面存在小裂隙。

2.3 岩相组织观察

制成薄片样品用 Olympus 光学显微镜观察。样品经过镶样、打磨、抛光成薄片。在岩相显微镜下观察，薄片半透明，晶体呈瘤状，中心有杂质，如下图。

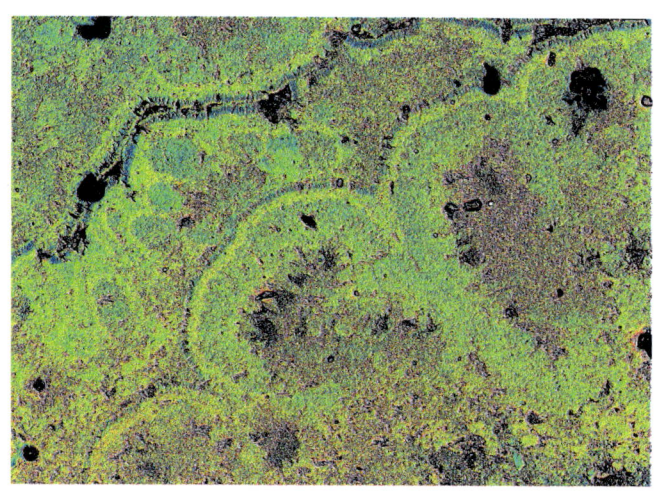

显微镜 20×

2.4 成分分析

X 射线荧光光谱仪分析结果

编号	成分（%）											
	Cu	P	Al	Fe	Si	S	K	Zn	Ti	Ca	Ba	As
ZY-02	33.890	29.774	19.319	8.462	5.897	1.435	0.644	0.301	0.277			
ZY-05	54.587	23.145	9.084	3.307	3.670	3.516	0.835		0.386	0.469		1.001
ZY-06	54.857	22.043	8.611	6.474	2.974	3.279	0.589			0.396		

分析结果显示主要是铜、铝、磷元素。

2.5 红外分析

编号 ZY-05、ZY-06、ZY-02 的样品在红外测试中编号为：L1：L2：L3。分析结果如果如下图，是绿松石。

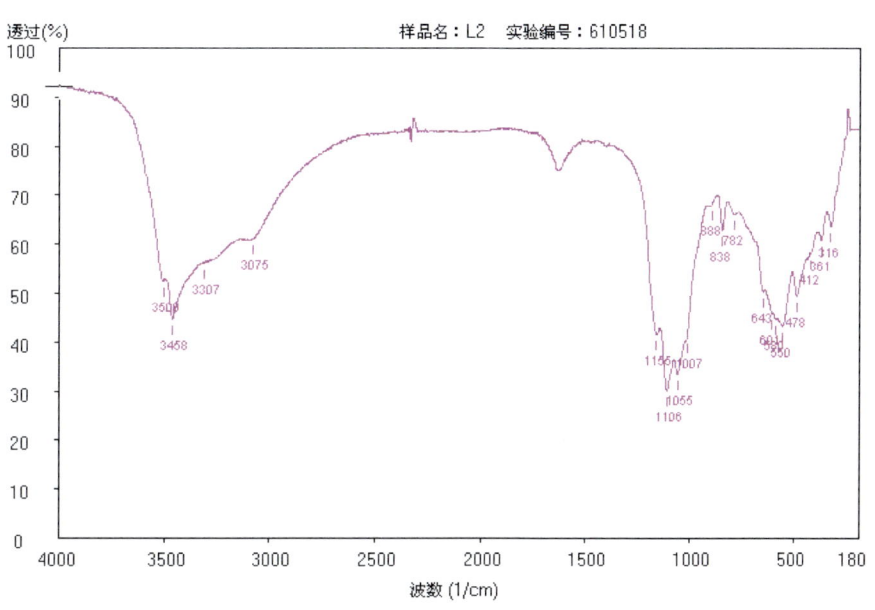

ZY-05 样品红外测试图

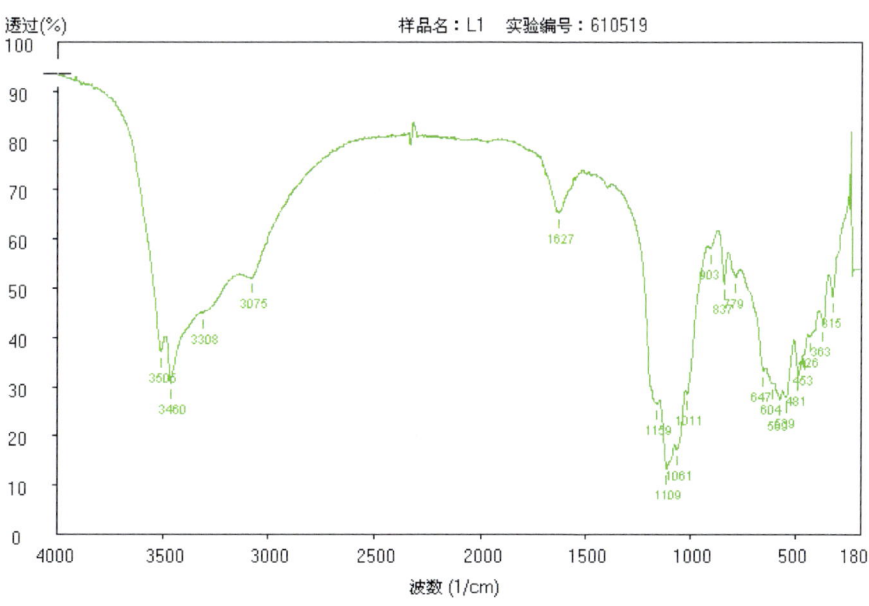

ZY-06 样品红外测试图

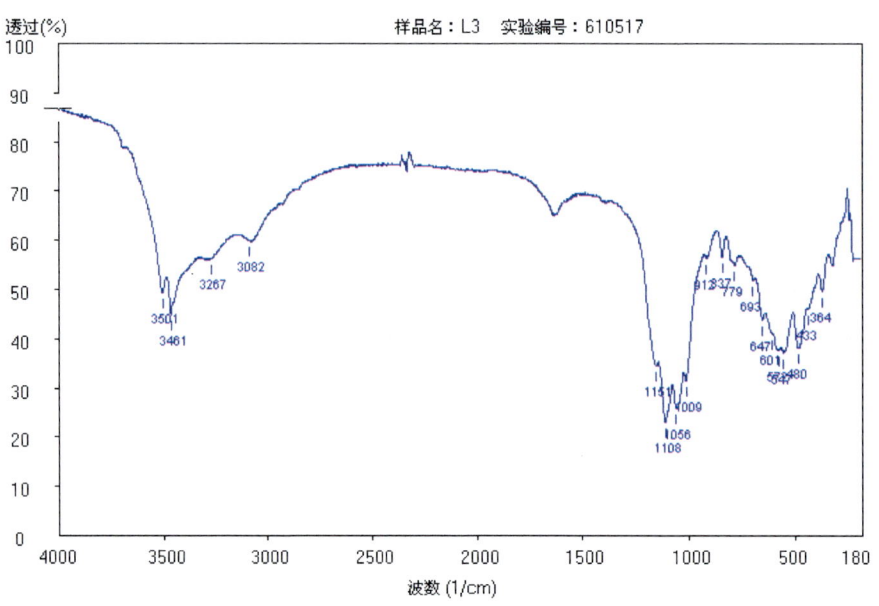

ZY-02 样品红外测试图

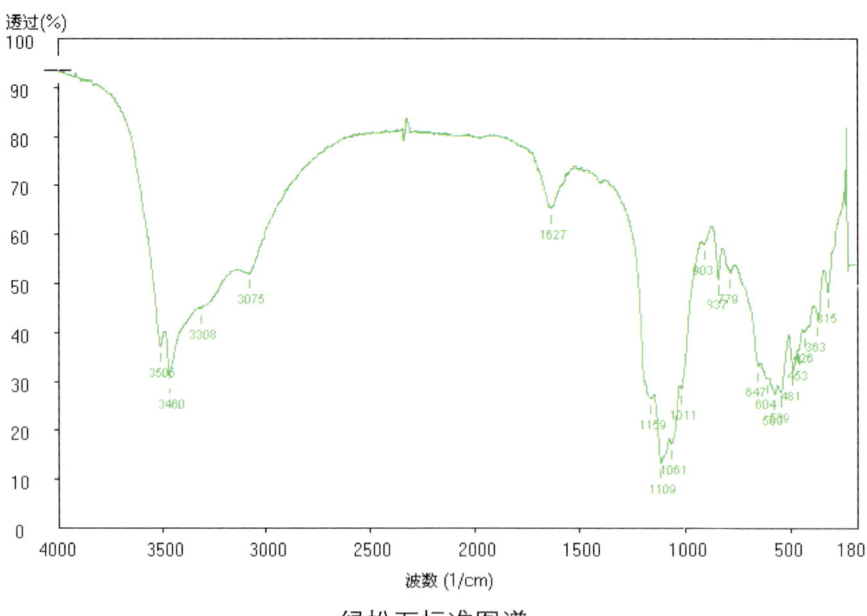

绿松石标准图谱

2.6 定量分析

样品制成薄片，用电子探针进行定量分析。仪器型号：JXA-8100；分析条件：加速电压 15 千伏；束流 1×10^{-8} 安培；束斑 1 微米；修正方法 PRZ；标准样品美国 SPI 公司 53 种矿物。分析结果如下表：

定量分析结果

	MnO	Na_2O	MgO	K_2O	TiO_2	SiO_2	Al_2O_3	CaO	P_2O_5	FeO	CuO	Total
1	0.04	0.08	0.00	0.06	0.00	0.08	36.48	0.09	34.29	0.32	8.89	80.32
2	0.00	0.09	0.01	0.02	0.01	0.04	36.20	0.10	34.00	0.44	8.25	79.16
3	0.00	0.08	0.01	0.04	0.00	0.07	36.28	0.09	33.78	0.43	8.51	79.29
4	0.00	0.05	0.04	0.05	0.00	0.08	36.36	0.07	33.71	0.39	8.65	79.40
5	0.00	0.05	0.03	0.03	0.00	0.05	36.31	0.06	34.31	0.39	8.45	79.68

2.7 小结

综上所述，镶嵌物与绿松石符合，判定所使用是绿松石镶嵌。玉玦组中的绿色石头也是绿松石。由于不同产地绿松石的数据库还没有建立，无法进行对比，因此绿松石产地分析没有完成。本次得到了一套完整的分析数据，为西周时期越地绿松石应用的研究，建立了一个参照系，在将来数据丰富时，可继续进行产地分析。

3. 玉石分析

3.1 取样

玉石取样位置及编号见下图，ZY-02、ZY-03、ZY-04 为黄色玉石。

绿松石取样编号图

3.2 体视显微镜观察

所用体视显微镜为日本 Olympus 光学显微镜。样品直接在体视显微镜 30 倍下观察，并拍摄照片。内玉玦初步观察分析结果：玉玦表面细腻，局部受浸成蓝色，表面盐分侵蚀，玉玦开口处加工边缘非常整齐，玉玦外缘的加工痕迹，经过细致打磨。具体见下图。

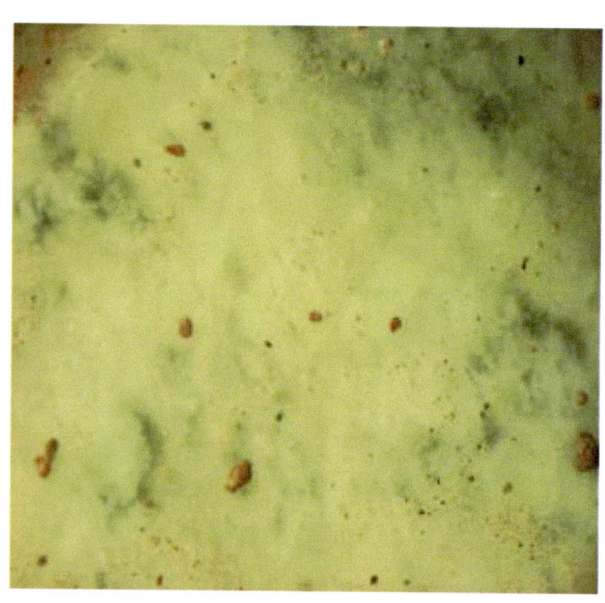

内部的玉玦局部表面受侵而变蓝

内部的玉玦局部表面受侵

内部的玉玦切口处显示非常光滑

内部的玉玦从其外边边缘看有细小的打磨痕迹

3.3 X射线荧光光谱成分分析

利用X射线荧光光谱仪对5块玉器残片进行无损成分分析。分析结果如下表。

玉器残片的成分分析结果（wt%）

编号	Ca	Si	Fe	Mg	Cu	S	Mn	K	Al
ZY-01	40.3	38.8	7.8	7.7	3.2	1.1	0.8	0.3	—
ZY-03	43.2	40.6	3.6	6.5	3.0	0.6	—	0.7	1.8
ZY-04	40.5	38.0	7.6	6.7	2.9	1.9	0.8	0.6	0.9
ZY-07	40.5	39.0	8.0	7.5	2.9	0.9	0.9	0.3	—
ZY-08	40.8	39.1	6.7	7.6	3.6	0.9	0.8	0.5	—

3.4 物相分析

将6件玉器残片样品ZY-01、ZY-03、ZY-04、ZY-05、ZY-06和ZY-07分别置于X射线衍射仪进行无损物相分析。经过分析可知，除了样品ZY-03不含方解石（$CaCO_3$）外，其余5件玉器残片样品的主要组成矿物均为透闪石[$Ca_2Mg_5SiO_2(OH)_2$]、阳起石[$Ca_2(Mg,Fe)_5Si_8O_2(OH)_2$]和方解石（$CaCO_3$）。其中一个玉器样品的X射线衍射谱图见下图。由此判断这6件玉器均为软玉。

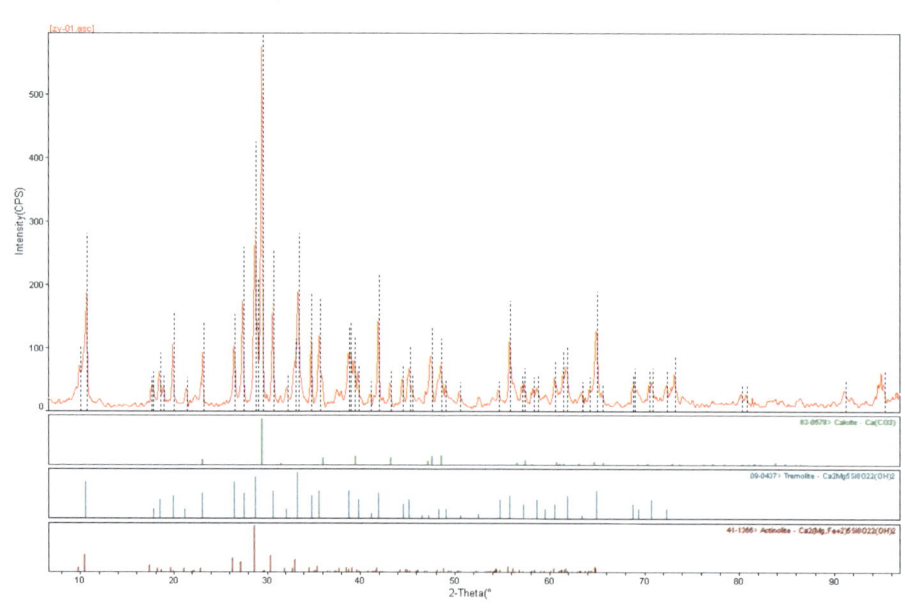

X射线衍射结果

4. M1：24 腐蚀产物分析

4.1 样品制备

取 M1：24 青铜剑上无法复原的残块和碎渣用作制备金相样品（OZ-B-05），用于截面观察。碎渣剔除泥土后，研磨成粉末样品（OZ-B-02）。

4.2 X-射线荧光光谱分析

仪器型号：EDX-800HS（日本岛津公司制造）。测量条件：铑靶（Rh）电压：Ti-U 50 千伏；Na-Sc 15 千伏；测量环境：真空；测量时间：200 秒。

实验结果：X 射线荧光光谱仪分析显示腐蚀碎渣主要元素是 Sn 和 Cu，少量的 Ca、As、Pb 和 P。

X 射线荧光光谱分析结果

成分 %	Sn	Cu	Ca	As	Si	Pb	P
OZ-B-02	66.89	23.55	4.73	1.67	1.53	0.83	0.81

4.3 X-射线衍射分析

仪器型号：MSAL，测量条件：铜靶；狭缝：DS=SS=1°，RS=0.30MM；电压：40 千伏；电流：100 毫安

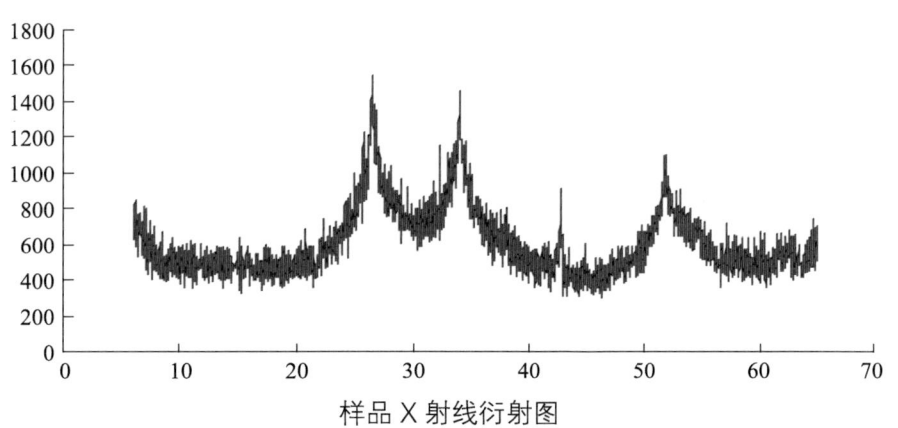

样品 X 射线衍射图

实验结果：X 射线衍射结果显示，主要存在 SnO_2，Cu_2O，并有少量铜矿，并且以非晶态 SnO_2 为主。

4.4 金相组织观察

日本 Olympus 金相学光学显微镜，目镜 10×。样品经过镶样、磨光、抛光，在金相显微镜下观察金相组织，并拍摄照片。

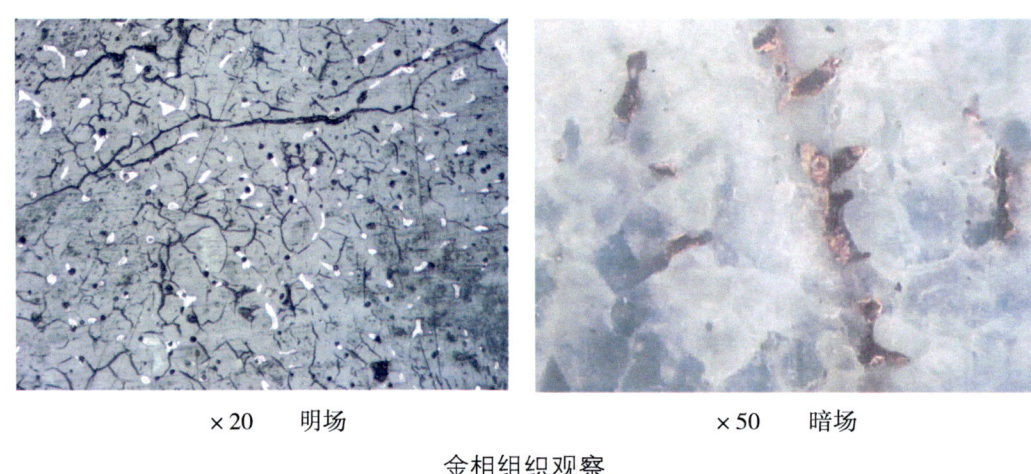

×20　明场　　　　　　　　　　　×50　暗场

金相组织观察

金相组织观察结果：在金相显微镜下腐蚀产物呈透明浅蓝色，观察面存在龟裂、孔洞和白色点状物。照片中白色胶状结构与常见铸造组织中的 α、(α+δ) 相组织相似。

4.5 扫描电镜（SEM）分析

日立公司 S—3600N 型扫描电镜（SEM），加速电压 20KV，样品用导电胶直接粘在样品台上喷碳后观察；EDAX 公司 DX—100 型 X 射线能量色散谱仪（EDS），工作电压 15 千伏。对样品 OZ-B-05 进行扫描电镜形貌观察及能谱分析。

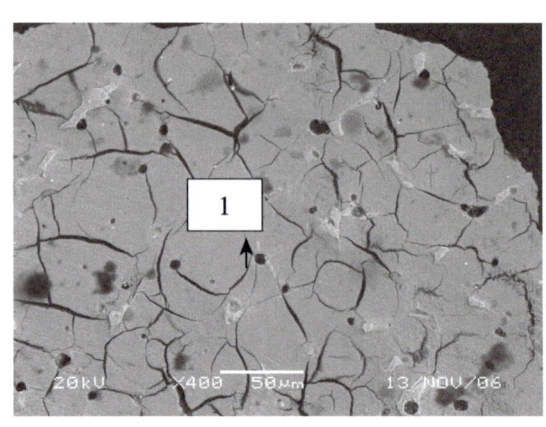

腐蚀层边缘

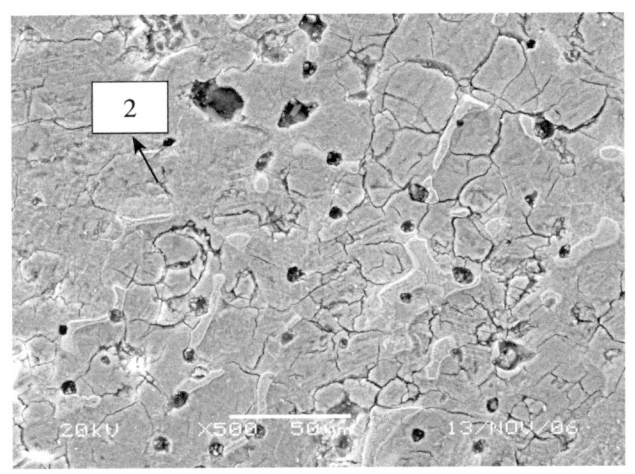

腐蚀层内部

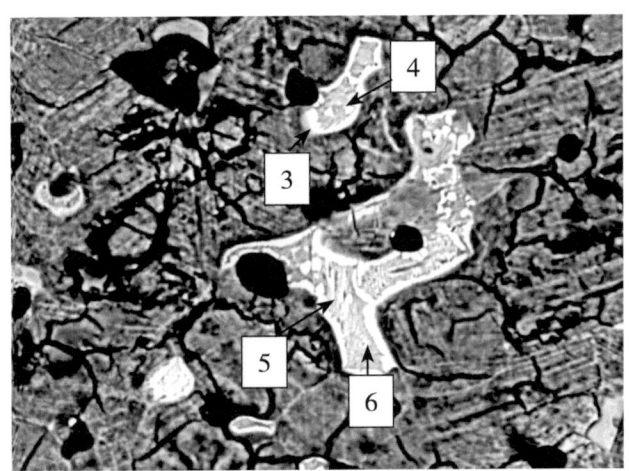

部分腐蚀的（α+δ）相

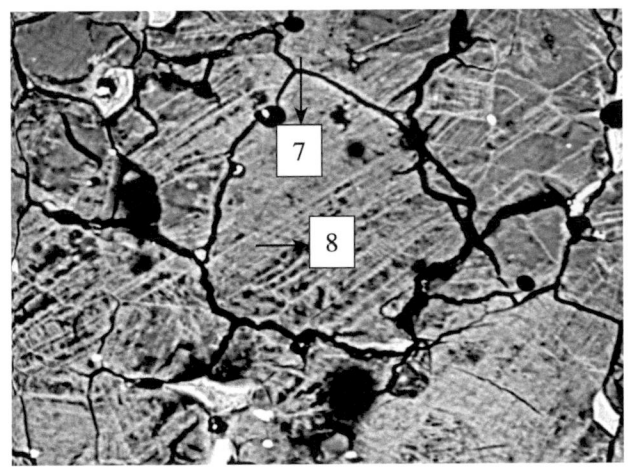

未完全腐蚀的α"痕迹"

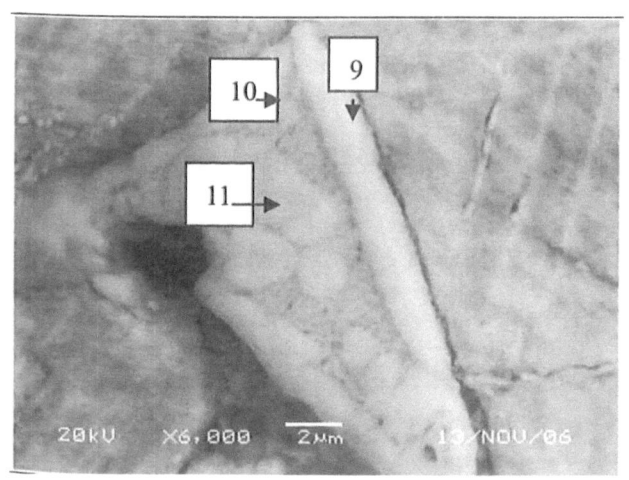

完全腐蚀的（α+δ）相"痕迹"

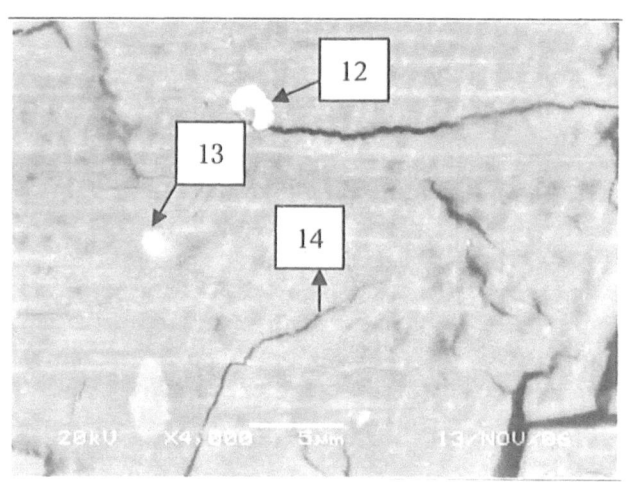

腐蚀层内的亮点

M1：24 剑（OZ-B-01）扫描电镜能谱分析结果

分析位置		成分（%）					
		Cu	Sn	Ag	S	P	Si
腐蚀层边缘	1	15.78	80.53			1.64	2.04
腐蚀层内部	2	15.92	81.55				2.52
腐蚀的（α+δ）相	3	67.02	32.98				
	4	11.16	88.84				
	5	14.07	85.73				
	6	66.40	33.60				
未完全腐蚀的 α "痕迹"	7	49.84	50.16				
	8	16.83	77.69				

续表

分析位置		成分（%）					
		Cu	Sn	Ag	S	P	Si
完全腐蚀的（α+δ）	9	11.78	86.67				1.55
	10	9.82	88.93				1.27
	11	11.23	88.02				0.76
腐蚀层内的亮点	12	2.30	14.76	73.25	9.69		
	13	5.05	28.96	57.57	8.42		
	14	15.47	80.05			1.77	2.71

位置1和位置2是样品边缘和内部组织形态图，腐蚀层显示存在清晰可辨的α相和（α+δ）"痕迹"相。由位置1和位置2的能谱结果可看见样品边缘与内部腐蚀产物成分接近，表明腐蚀物成分比较均匀，腐蚀物虽然保存了原有组织形貌，但各相之间的成分差别减小，形成比较均一的高锡腐蚀产物，高锡腐蚀物一般含少量的硅和磷。

位置3和位置8显示α相已完全腐蚀，变为氧化物，锡含量高达80%以上，铜仅占10-15%。（α+δ）相只是部分腐蚀，有的锡含量为33%，可能是完全没有腐蚀。显示腐蚀层中α相腐蚀严重，部分腐蚀的（α+δ）相分布在完全腐蚀的α相间。越靠近器表，（α+δ）相腐蚀越严重。位置9-11显示（α+δ）相完全腐蚀，锡含量高达88%。

样品表面存在很多孔洞，可能是铅腐蚀流失所致。

位置13-14的白色亮点经分析存在银元素，可能以AgS的形式存在。

Robbiola把表面光滑的腐蚀类型定义成Ⅰ类结构（"even" surface），表面粗糙的定义为Ⅱ类结构（"coarse" surface），并运用了统计方法进行分析研究。Ⅰ类结构的铜流失情况Robbiola用公式表示，

$$f_{Cu} = \frac{1 - X_{Cu,P}/X_{Sn,P}}{X_{Cu,a}/X_{Sn,a}}$$

P是外层腐蚀物，a是合金层，计算f_{Cu}数值，而且通过统计证明，铜流失一般在0.94 ± 0.04。

本样品表面光滑，可根据此公式计算如下：部分腐蚀（α+δ）相中，锡含量为33%，铜占67%时可认为是基本没有腐蚀的相，以此为基础，计算f_{Cu}数值。

$$f_{Cu} = \frac{1 - 11.47/88.59}{67.02/32.98} = 0.937 \text{（计算数值取自上表）}$$

在样品中α相不存在基本没有腐蚀的相，因此铜流失情况无法计算。从一个侧面说明在完全腐蚀后后者达到腐蚀平衡后，有大约0.06的铜存在，大部分铜流失，腐蚀产物以锡和锡的氧化物存在。

4.6 小结

通过分析，可以认为M1：24剑属于铜锡合金，可能有少量的铅，为铸造成形。同时初始合金中还存在少量银，可能以AgS形式存在。

M1：24剑已高度矿化，靠近剑体表面，α相和（α+δ）相完全腐蚀。稍靠基体，尚留存有部分腐蚀的（α+δ）相。腐蚀产物以非晶态SnO_2为主。

5. M1：25戈锈蚀分析

5.1 获取样品

取4块青铜残块。M1：25：B-1、M1：25：B-2、M1：25：B-3、M1：25：B-4。收集散碎粉末为M1：25：B-5、M1：25：B-6。

M1：25：B-1；M1：25：B-4的位置在靠近文物边缘，M1：25：B-3肉眼可看见金属芯，M1：25：B-1在文物边缘。如下图：

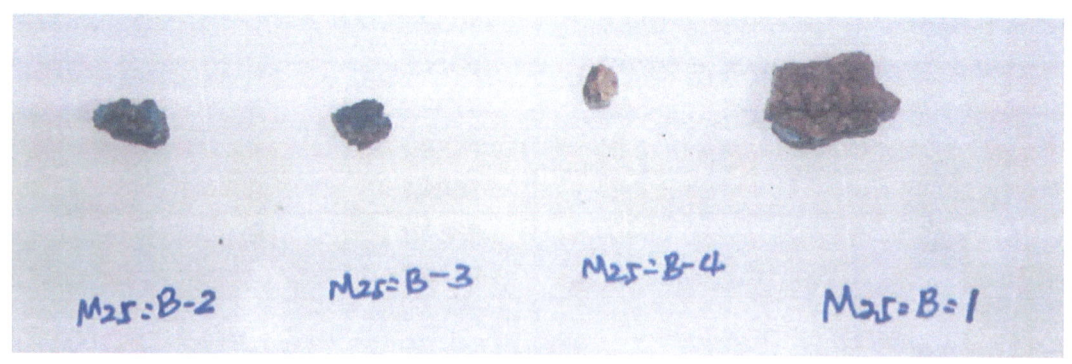

获取的样品

5.2 金相分析

M1：25：B-3的显微镜图片如下图。可看到少量的金属芯存在，周围是红色物质，外层是蓝色腐蚀物。

 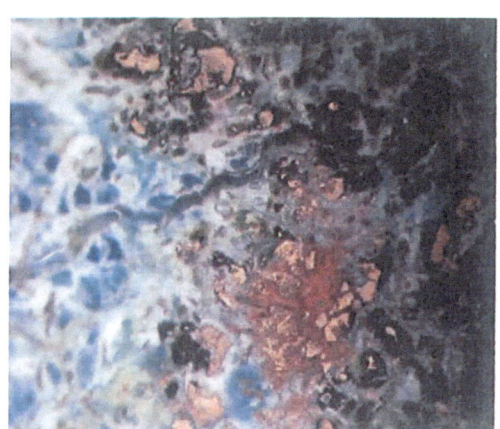

显微观察

5.3 X-射线衍射分析

仪器型号：MSAL，测量条件：铜靶；狭缝：DS=SS=1°，RS=0.30MM；电压：40千伏；电流：100毫安。

样品 M1：25：B-5 分析结果：

X 射线衍射峰值

编号	d（Å）	I/I°	SnO_2
1	3.3525	100	□
2	2.6516	64.2	□
3	2.6372	71.4	□
4	2.3807	13.6	□
5	2.1166	26.4	□
6	1.7612	45.5	□
7	1.6821	8.8	□
8	1.4967	8.6	□
9	1.4389	14.7	□
10	1.4159	11.1	□
11	1.3217	6.6	□
12	1.2671	13.0	□

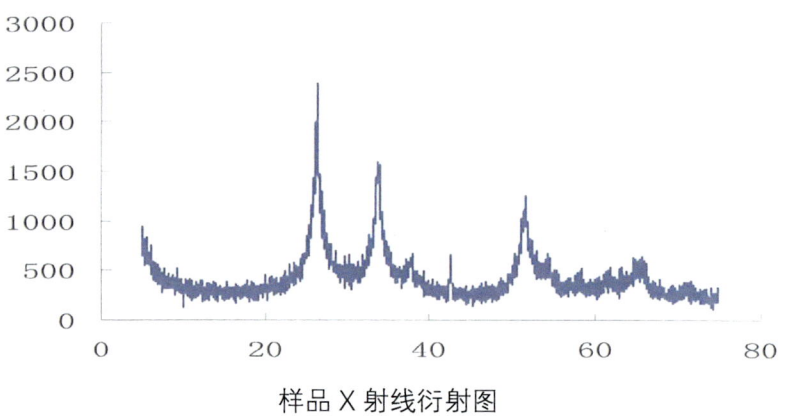

样品 X 射线衍射图

主要产物是 SnO_2 和少量方镁石。

样品 M1：25：B-6 分析结果：

X 射线衍射峰值

编号	d（Å）	I/I0	SnO_2	Cu_2O
1	3.3555	98.1	□	
2	2.6355	71.7	□	
3	2.3715	17.1	□	
4	2.1311	30.2		*
5	2.1126	100		
6	1.7636	60.6	□	□
7	1.6744	14.8	□	
8	1.5898	13.4	□	
9	1.7989	14.5	□	
10	1.4336	16.4	□	

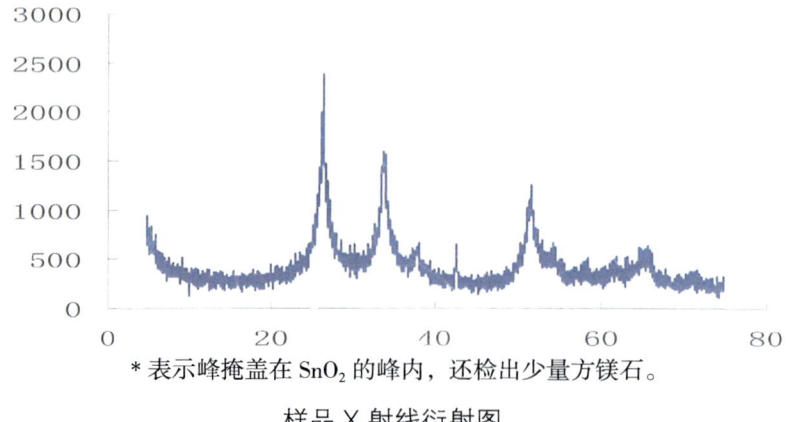

*表示峰掩盖在 SnO_2 的峰内，还检出少量方镁石。

样品 X 射线衍射图

主要产物是 SnO_2，Cu_2O 和少量方镁石。以上结果可知道，与剑的腐蚀成分类似。腐蚀物以非晶态 SnO_2 为主，少量 Cu_2O。

5.4 扫描电镜（SEM）分析

日立公司 S-3600N 型扫描电镜，加速电压 20 千伏，样品用导电胶直接粘在样品台上喷碳后观察；EDAX 公司 DX-100 型 X 射线能量色散谱仪（EDS）。工作电压 15 千伏。对样品 OZ-B-05 进行扫描电镜形貌观察及能谱分析。

X 射线能量色散分析

分析位置		成分（%）				
		Cu	Sn	Si	P	Pb
腐蚀芯部	1	35.95	58.59	4.51	0.95	
腐蚀层外部	2	14.69	75.41	4.97	0.51	4.43

能谱分析可知道，虽然芯部具有金属光泽，但也已经开始腐蚀，外层腐蚀严重。

电镜面扫描分析：结果如下图。

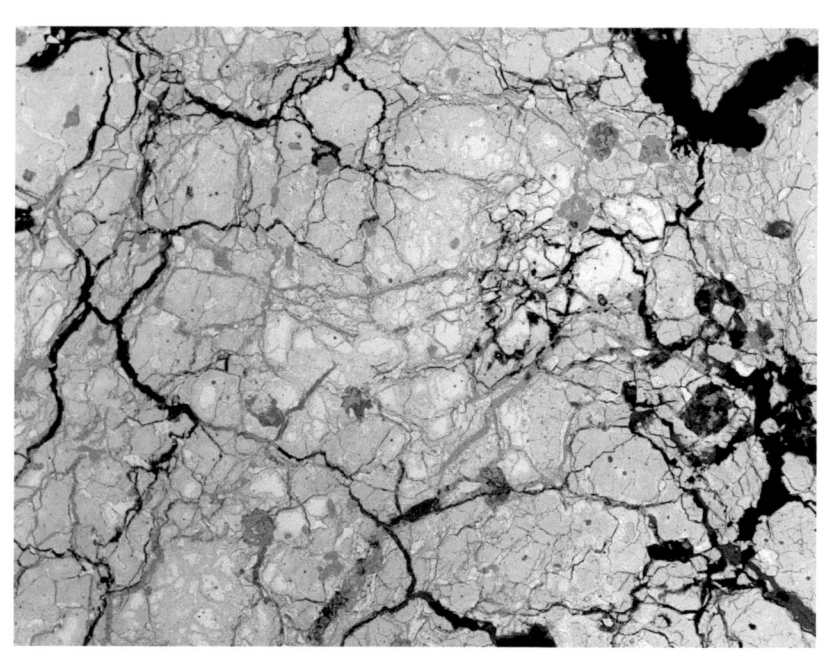

电镜面扫描（BSE）

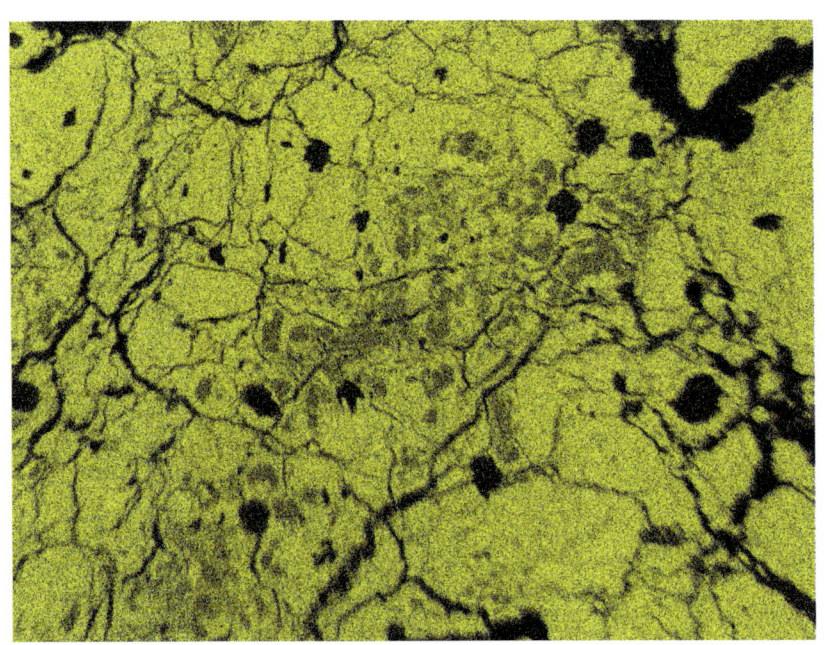

电镜面扫描（Sn）

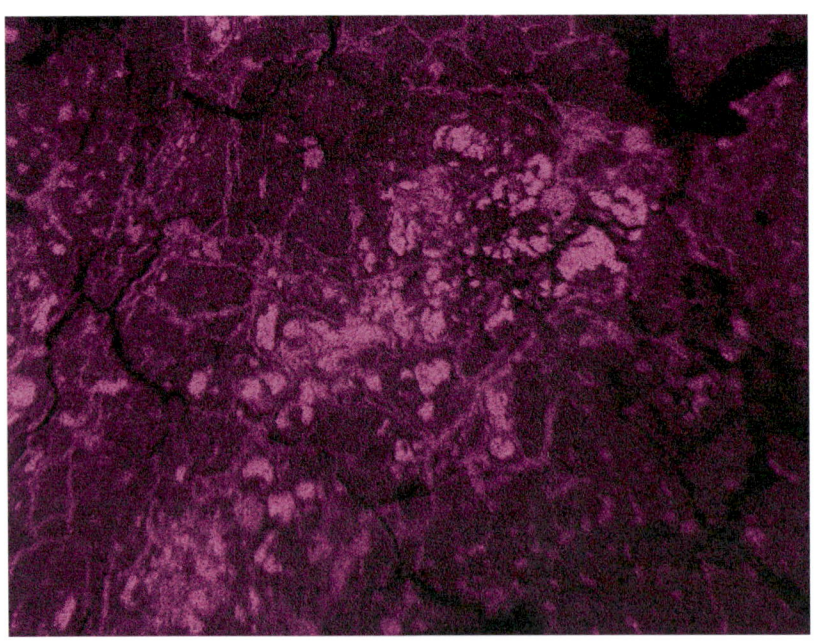

电镜面扫描（铜）

清晰地看到,锡的成分比较均匀,而铜在芯部分布比较集中,也可证明铜已经流失。

5.5 小结

通过分析,可以认为 M1:25 戈与 M1:24 剑腐蚀产物类似,都是矿化严重,靠近表面,α 相和(α+δ)相已经完全腐蚀。稍靠基体,尚留存有部分腐蚀的(α+δ)相,芯部有残存金属光泽,但也已经开始腐蚀。腐蚀产物以非晶态 SnO_2 为主。

第四章　保护处理

1. 典型器物的保护处理

1.1 玉玦的保护处理

1.1.1 保护处理前状态

发掘后的玉玦出现断裂，表面有盐等污染物，如下图。

玉玦 1

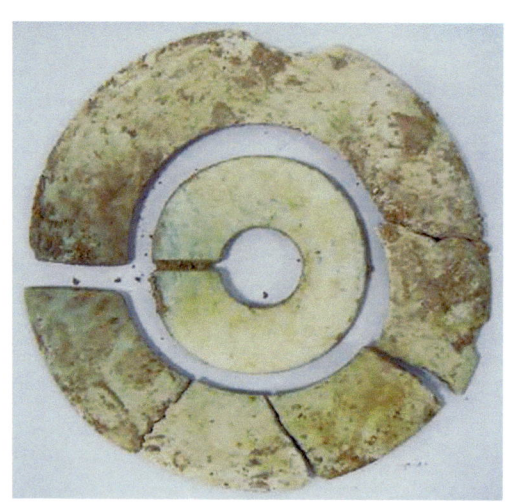
玉玦 2

保护处理前状态

1.1.2 清洗技术实验

绿松石受热易褪色，也容易受强酸腐蚀变色。硬度越低的绿松石孔隙越发育，越具有吸水性和易碎的缺陷，因而油渍、污渍、汗渍、化妆品、茶水、铁锈等均有可能顺孔隙进入，导致难以去除的色变。因此选择清洗试剂要十分小心，尽量选择中性试剂。我们选择了水、50%乙醇溶液、丙酮，进行局部实验。发现三种溶液针对绿松石和软玉都有较好的清洁效果，只是速度略有差别，丙酮＞50%乙醇溶液＞水。考虑到

42

石头已经腐朽严重，尽量减少试剂的作用时间，因此选择了 50% 乙醇、丙酮溶液。达到了清洗效果，没有造成变色。

保存建议：在保存时要保持清洁干净，不要受高温和强力碰撞。

1.1.3 保护处理及处理后效果

经过清洗实验后，小心地进行了清洗，然后进行拼接和粘接，LOCTITE401 粘接定型，UHU Plus 双组分黏结剂粘接，达到了稳定状态。处理效果如下图：

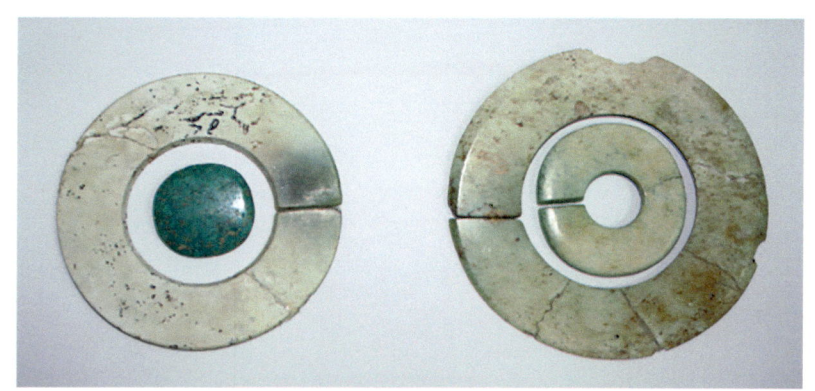

保护处理后效果

1.2 M1：21 剑的保护处理

1.2.1 原始保存状态分析

M1：21 剑腐蚀严重，从边缘看局部已经腐蚀成粉末，与泥土混合在一起。经过长途运输，南方、北方湿度发生了很大变化，但和泥土仍然没有分离，说明腐蚀产物的膨胀系数已经与泥土接近，可能矿化程度很高。M1：22 剑尾和中部断裂，局部残缺。格部镶嵌有松绿石，大部分已经脱离原来位置。如下图：

经过长途运输，与泥土仍然没有分离，显示高矿化度

箭头指示部位显示两处断裂

局部腐蚀成粉末,与泥土混合在一起

局部断裂,尾部出现残缺

格部镶嵌有绿松石，大部分已经脱离原来位置

1.2.2 X光检测分析

M1：21剑大部分被土覆盖，为更清楚地了解土下面的情况，首先进行了X光检测分析。M1：21剑边缘酥解严重，大的断裂有3处，一侧花纹区已经出现多处小裂纹。分析结果如下图。

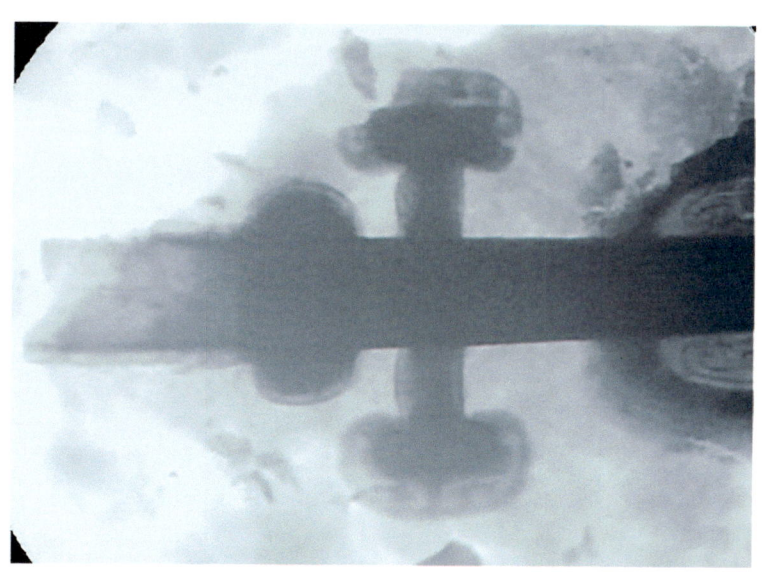

M1：21剑剑格部分，残损

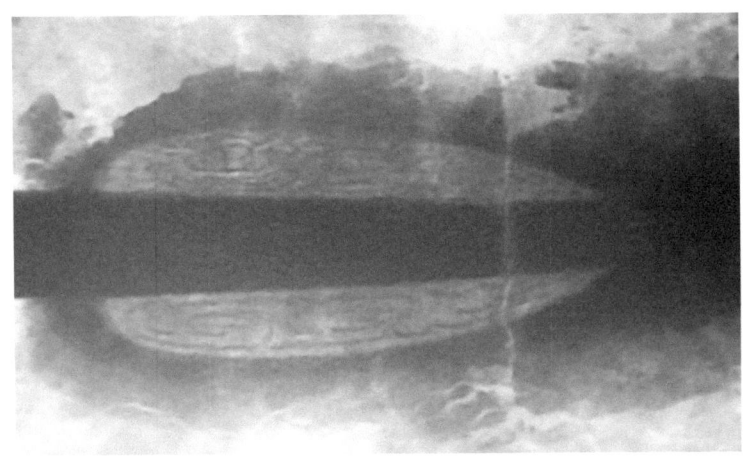

M1∶21 剑中部，断裂，边缘酥解，一侧的花纹区有多处裂隙

M1∶21 剑中部靠后部分，边缘酥解

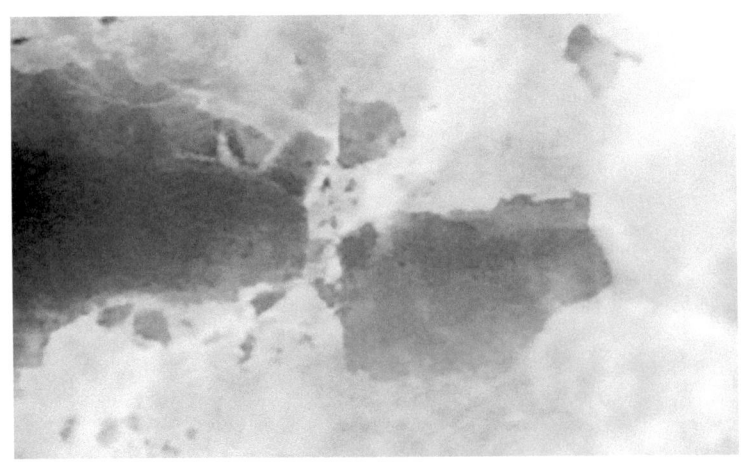

M1∶21 剑尾部，断裂，边缘酥解。残损

1.2.3 加固技术实验

腐蚀产物分析表明，青铜器已经高度矿化，生成二氧化锡为主的锡氧化物和少量铜氧化物的腐蚀物。器物虽然具有完整的外形，但是轻微的震动和碰触都会导致酥粉、掉块，因此加固处理是本项目面临的一个主要问题。

加固渗透的深度对加固效果起着决定作用。如果加固剂聚集在表面，不仅起不到加固效果，还会造成结壳和光膜。常用的加固试剂有溶剂型和水性两大类，鉴于本项目腐蚀产物酥粉、多孔的性质，选择3% Paraloid B72 丙酮溶液、3% Paraloid B72 乙酸乙酯溶液、有机硅（5000）进行实验。实验结果如下表：

加固实验

	加固涂刷次数	加固效果
3% paraloid B72 乙酸乙酯溶液	7	7 次后加固效果明显，渗透深度满意，变色轻微
3% Paraloid B72 丙酮溶液	5	5 次后不能继续涂刷，有加固效果，渗透深度满意，变色不严重
有机硅（5000）	3	3 次后不能继续涂刷，有加固效果，渗透深度满意，略微变色

三种加固试剂都具有较好的加固效果，加固强度和渗透性能为 3% paraloid B72 乙酸乙酯溶液 >3% paraloid B72 丙酮溶液 > 有机硅（5000），因此选择了 3% paraloid B72 乙酸乙酯溶液。

1.2.4 提取方法研究

本批青铜器腐蚀严重，M1：21 剑尤其严重，从残块看已经没有金属芯。经过从南方到北方的长途运输，巨大的温度变化都没有使 M1：21 剑和土壤分离，可见其膨胀系数已经和泥土接近，腐朽程度十分严重。如何与土壤分离，是面临的又一个问题。

经过和专家讨论分析，一致认为必须整体提取，具体的做法上有人提出石膏提取、硅橡胶翻模等，考虑到 M1：21 剑矿化度十分高，加固后是否能承受这样的重量呢，迟迟没有定论。8月份与中日韩丝绸之路的金属保护专家交流时，日本专家提出他们曾经采用日本纸揭取，启发我们尝试以纸为载体，采用类似壁画揭取的方法提取 M21 剑。

戈 26 局部

首先在戈 26 的小块上进行了实验，先对试块加固，然后用纸覆盖，采用浓度递增的方法逐步加固，强度适当时，从侧面一点点除去土，最后顺利取下。在实验成功的基础上，对 M1：21 剑进行提取。

首先用 3% paraloid B72 涂刷法，在土层上对 M1：21 剑整体加固。

整体加固

然后采用日本纸作为载体，逐层涂敷 5% paraloid B72。使用 3 张纸后，正面的整体加固处理达到需要强度。在加固过程中，箭头部位矿化度明显高，表层与泥土混淆，如下图。

采用日本纸作为载体,整体加固

待正面的加固处理完全干燥后,放在柔软的海绵上。从背面逐层去掉泥土,最后剥离出 M1：21 剑背面,如下图。

剥离后背面图

1.2.5 提取效果

提取后形状基本保持,部分出现碎裂。具体保存状况如下图:

局部放大图

1.2.6 保护处理及处理后效果

鉴于 M1：21 剑的保存状况，多处边缘酥解严重，并有大的断裂，进行了再次的加固处理，然后清洗、缓蚀、封户，最后拼接和补全，M1：22 剑达到了稳定的保存状态。M1：21 保护处理后效果如下图：

M1：21 保护处理后效果图

1.3 矛的保护处理

1.3.1 保存状态分析

有的矛存在断裂、酥脆、缺失和表面结垢等病症，有的极度糟朽，有的采取了不当的临时性保护处理，典型状况如下图：

断裂、酥脆、缺失

表面结垢

不当的临时性保护处理

1.3.2 保护处理过程及处理效果

针对不同的症状,首先判断哪些是有价值的历史信息,给予保留。然后去除表面浮土疏松锈蚀物等不稳定因素。然后进行加固、缓蚀和封护处理。处理后色泽基本没有变化,强度显著提高,经过缓蚀、封护后达到稳定状态。

矛浸泡加固处理

2. 处理效果讨论

2.1 M1：24 剑的处理效果

随着国际合作与交流的发展，青铜器的保护修复工作，也不断受到国际上不同保护理念的冲击，促使我们对其进行重新审视。

对文物的补全，是最后一个程序，但由于补全效果是文物真实性与艺术性的综合体现，也往往是工作成功与否的最直观的评价标准，因此在不同保护理念下的补全行为，往往成为争议的焦点。

目前有的观点认为只要残缺的部分不影响文物的稳定性与艺术性，就不必进行补全；另一种观点认为，文物残缺了，就应该进行补全，这样才有利于归类和研究，能体现文物的艺术性，况且，中国青铜器的修复传统是要求在修复后要达到"天衣无缝"，尽量看不出修复的痕迹。

由于各种不同的理解与认识上的分歧，不同的人在实际操作上对残缺补全往往有不同的理解和认识，从而导致不同的补全效果。

前面通过 X 光探伤和拍照、记录等，对文物的完整性和真实性有了比较全面的认识，如何体现出文物的历史真实性、完整性，本项目进行了一些尝试。

最初和一些专家讨论，考虑采用目前国际上比较通行的标准，最大限度尊重历史的真实性，使补全部分完全可辨别，比如采用在颜色上尽量接近，但补全的平面要略低些的方法。但在实施时发现，M1：24 剑的剑峰部分多处断裂、缺失，而且又非常薄，按原定计划处理后艺术效果不会太好，结构稳定性也得不到保证。按传统修复，修得完全看不出，又违背原真性原则。考虑再三，最后采用的是在有根据的条件下尽量补全，表皮脱落部分不影响文物的稳定性，也说明了文物曾经的破损状况，不予补全，在外形尺寸方面，尽量给予了完整性补全。在展出时可采用 X 光探伤照片，及标明断裂痕迹的图纸等措施，让观众知道文物的真实形态，以表达文物具有的历史原真性。

补全后，整体效果古朴沧桑，达到了预期目的。保护处理效果如下图：

整体效果

2.2 戈 M1：25 的处理效果

2.2.1 戈 M1：25 原始保存状态

戈 M1：25 严重矿化，尤其是戈援的前部和援的下部腐蚀严重，外部尺寸缺失了一大部分。见下图。

原始保存状态

戈 M1：25 是带土提取后进入实验室。由于残损严重，首要的任务是辨别器物的边缘，确定外形。因此首先对戈所在的土块，结合戈的锈蚀痕迹进行拼接，过程如下图。

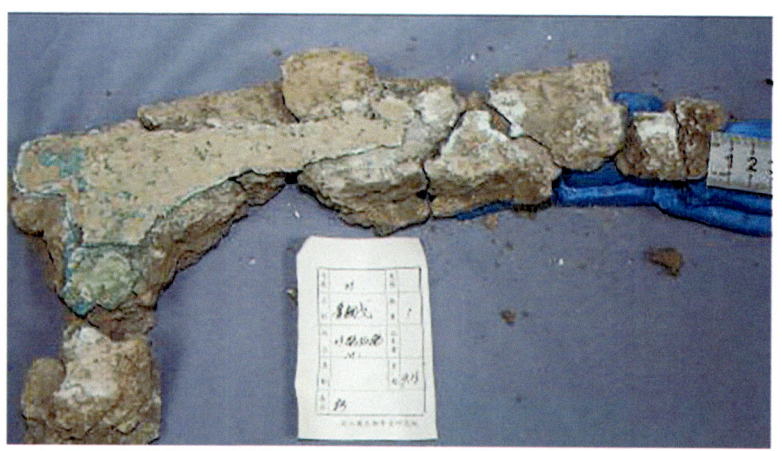

整体拼接戈 M1：25 的原始保存状态图

戈 M1：25 局部保存状态

戈 M1：25 前端腐蚀状态

根据痕迹判断，戈 M1：25 的总长度在 32 厘米左右，援的下部痕迹缺失，因此下部部分尺寸不能确定，有两个还是三个不能确定。线性图如下图，虚线是根据腐蚀痕迹确定。

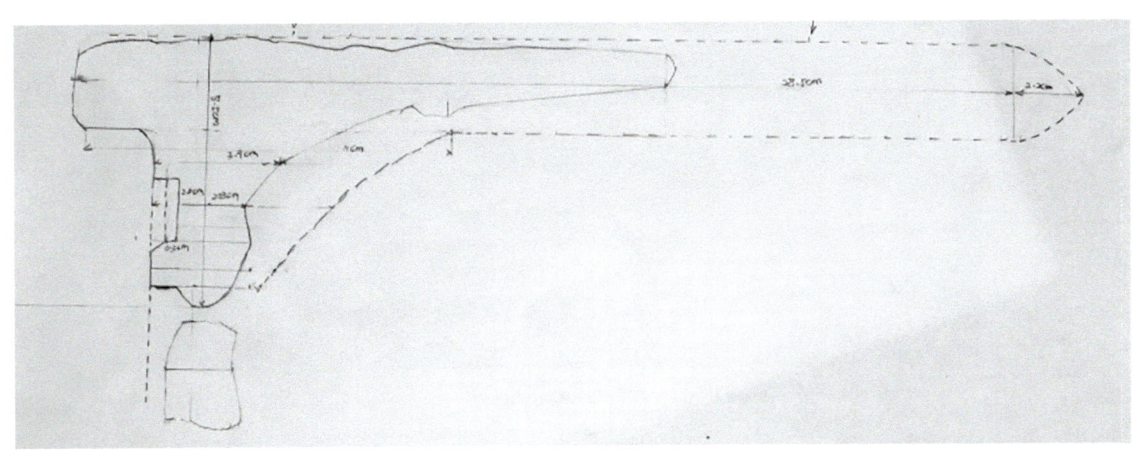

线性图

2.2.2 保护处理效果

根据腐蚀痕迹可以确定长度，部分尺寸（如图中虚线部分），但虚线部分已经腐蚀待尽，只剩余痕迹。是否需要复原，若复原，采取什么方式，经过反复的讨论分析，最后采取没有复原的形式，但是对土壤上留下的痕迹给予了保留，以备将来研究的需要。处理效果如下图：

处理效果

痕迹处理效果

2.3 矢镞的保护处理

2.3.1 原始保存状态

矢镞是带土提取，运到实验室时分装在两个盒子里，按自然组分成组一和组二。临时编号成瓯 M1：1 组；瓯 M1：2：组。

各组内的矢镞相互粘连，和土壤锈蚀在一起，边缘酥粉，轻微的震动就会掉块，在搬动时多数已经受损。组二的矢镞整体几乎呈现酥粉状态。具体保存状态如下图。

第一组原始状态保存图

第二组原始状态保存图

2.3.2 保护处理效果

保护处理：主要采用的方法为加固后剥离，边剥离边编号。然后清洗，缓蚀，封护，达到稳定状态。

处理结果：第一组剥离出 38 件（组），第二组剥离出 7 件（组）。在剥离过程中，为了保留埋藏时的堆叠状态，编号瓯 M1：1：8；瓯 M1：1：38；瓯 M1：1：2：4；瓯 M1：1：2：5 为成组保存，没有逐个剥离。处理后效果如下图：

瓯 M1：2：5 背面

瓯 M1：2：5 正面

瓯 M1：1：8 背面

瓯 M1：1：8 正面

瓯 M1：1：38 背面

瓯 M1：1：38 正面

3. 保护处理具体实施方法

项目按照国家文物局批准的《浙江瓯海土墩墓出土西周青铜器抢救性保护修复方案》实施，只是在具体技术工艺方面根据实际情况有适当调整。采取步骤为：预加固、清洗、加固、缓蚀、拼接（断裂文物）、补全（残缺文物）、封护。

根据现场实验采用：预加固3%–10% Paraloid B72乙酸乙酯溶液，加固3% Paraloid B72乙酸乙酯溶液。清洗2A、乙醇、丙酮和乙酸乙酯。缓蚀采用BTA（苯并三氮唑）3%丙酮溶液。拼接采用LOCTITE401粘接定型，UHU Plus双组分剂粘接，局部采用20% Paraloid B72乙酸乙酯溶液粘接。补全UHU Plus双组分加矿物颜料。封护采用3% B72乙酸乙酯溶液。

4. 保护处理前后效果图

4.1 M21保护处理前

M21整体效果正面

M21 局部腐蚀效果

M21 局部腐蚀效果

M21 局部腐蚀效果

M21 局部脱落

4.2 M21 保护处理后

M21 正面

M21 背面

4.3 M22-24 保护处理前

M22-24 整体正面

M22-24 整体侧面

M22-24 局部

M22-24 局部

M22-24 局部

M22-24 局部

M22-24 局部

4.4 M22 保护处理后

M22 正面整体

M22 正面局部

M22 正面局部

第四章 保护处理

M22 背面整体

M22 背面局部

M22 背面局部

4.5 出土后的 M24 剑

4.6 M24 保护处理前状态（出土后）

M24 正面处理前全貌

M24 剑首处剑箍残缺，剑格断裂、镶嵌残缺

M24 剑尾局部，酥脆，断裂，出现残缺

M24 剑背面

M24 断裂

M24 残损

4.7 M24 剑保护处理后

M24 正面

M24 局部

M24 文饰

M24 背面

M24 局部

M24 文饰

4.8 M25 原始保存状态

M25 整体

M25 局部

M25 局部

M25 局部

M25 局部

4.9 M25 保护处理后

M25 保护处理后效果图

M25 戈下土壤痕迹

4.10 M26 原始保存状态

M26 整体

M26 局部

M26 局部

M26 局部

M26 局部

4.11 M26 保护处理后

M26 保护处理后

4.12 M28 原始保存状态

M28 整体

第四章　保护处理

M28 局部

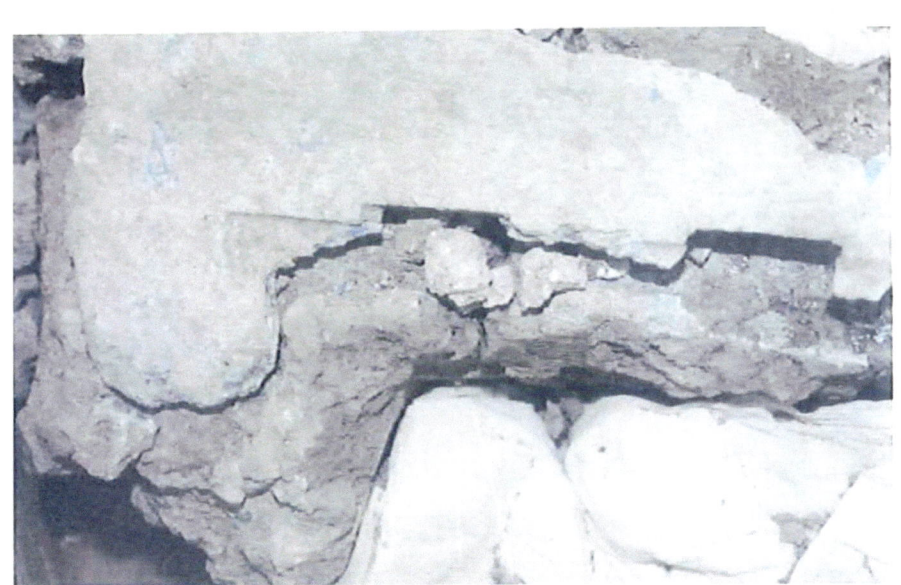

M28 局部

M28 援的下部

M28 局部

第四章 保护处理

M28 戈的前部

4.13 M28 保护处理后

M28 保护处理后

4.14 矢镞原始保存状态

第一组原始保存图

 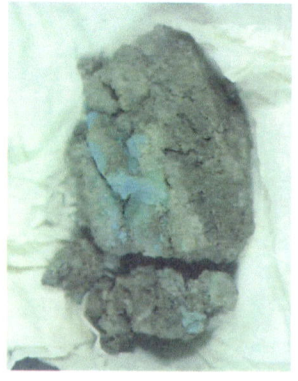

第二组原始保存图

4.15 矢镞保护处理后

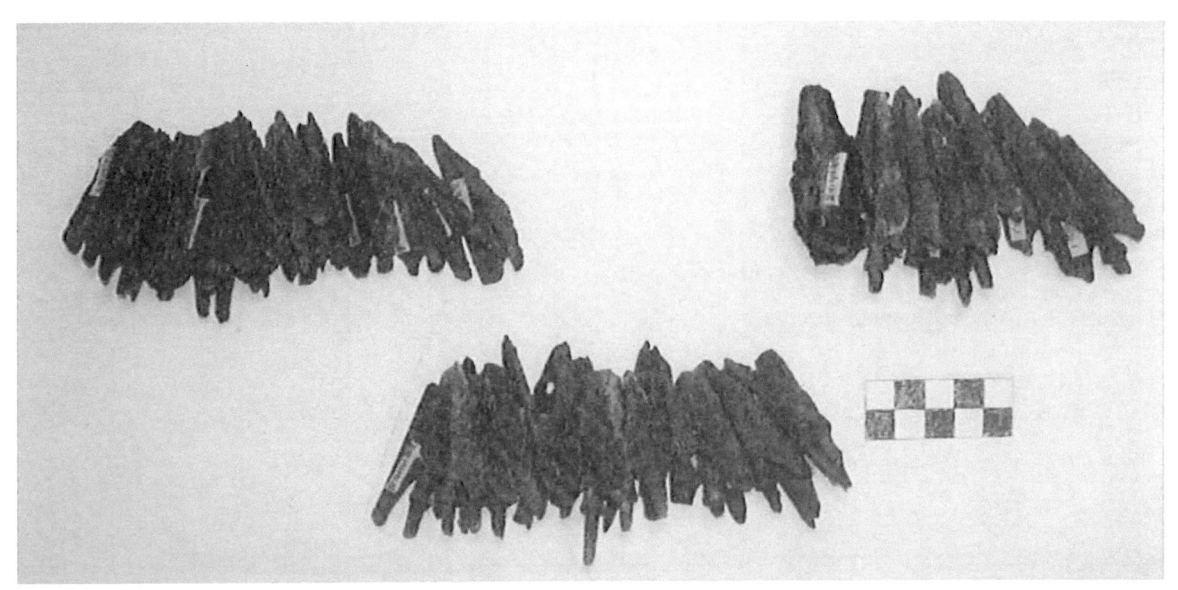

第一组处理后

第二组处理后

4.16 玉石保护处理前

玉玦 1

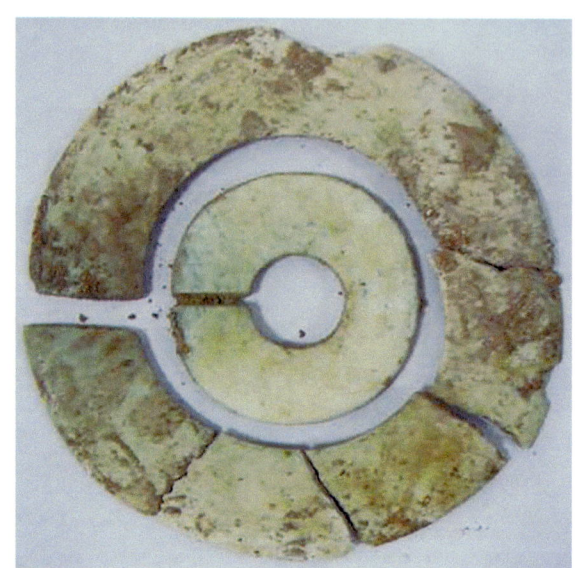

玉玦 2

玉玦缺口

玉玦边缘

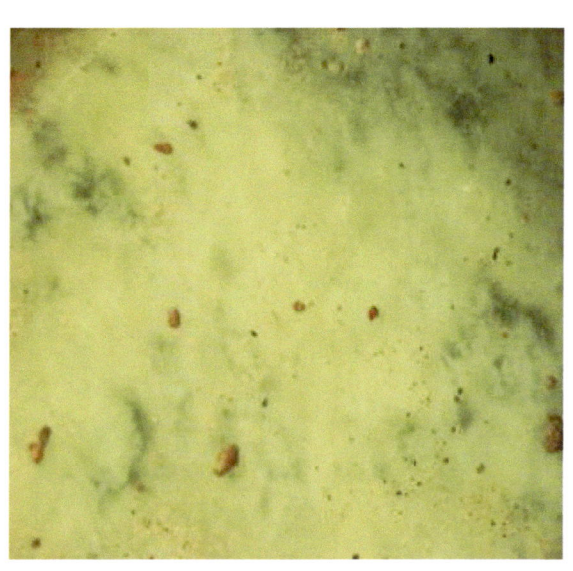

玉石表面　　　　　　　　玉石表面

松石表面　　　　　　　　松石表面

4.17 玉石保护处理后

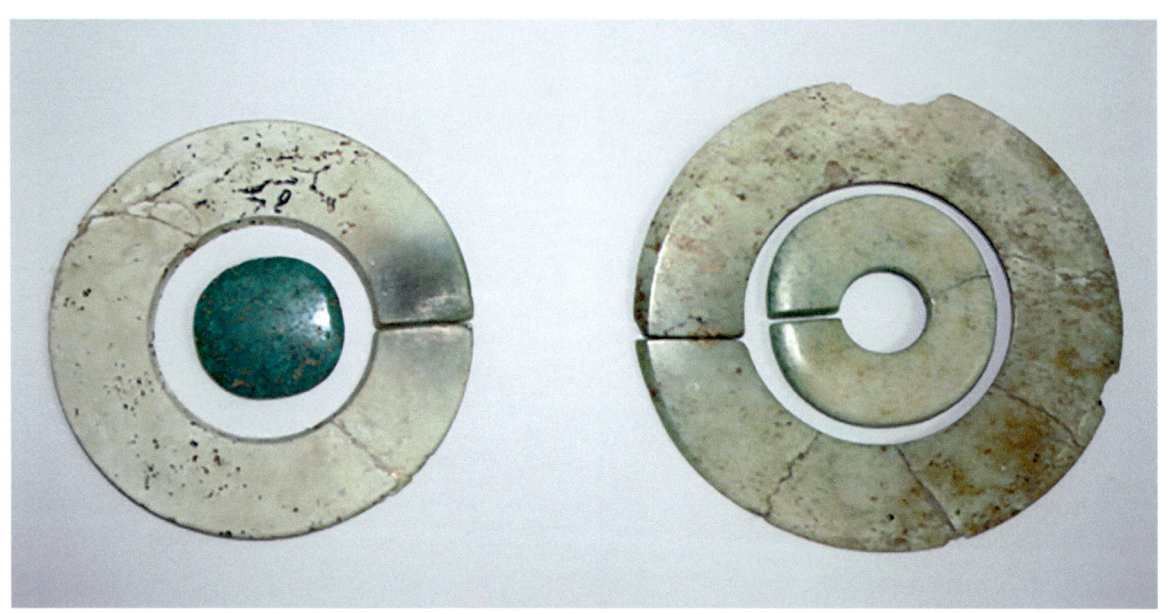

保护处理后

第五章 项目研究

此次保护处理的青铜器工 51 件组,其中 7 盒由于腐蚀严重在考古现场带土提取,更有 1 盒是 3 层文物叠加在一起,2 盒箭镞呈堆叠状态。2006 年 4 月 20 日运到我所时,文物处于极度不稳定状态,项目组立即开展工作。

带土提取,保存了文物埋藏的原始环境,土壤中还可能含有文物相关信息,尤其是对叠压的文物,因此本项目不再是单一地对可移动文物的保护处理,而是带有实验室科学清理性质的保护处理项目。

由于文物腐蚀严重,膨胀系数与土接近,经过南方到北方的环境变迁,M1:21 仍然与土壤牢固地结合在一起,因此青铜加固处理和高矿化度青铜器从土壤中的分离、提取等成为保护处理过程中的技术难点。

最终项目内容扩展为实验室科学清理、分析研究和高矿化度文物保护处理三方面。

1. 技术路线

实验室考古发掘部分:通过对残存文物信息的观察分析,发现 M1:22-24 之间玉玦是成组放置在 M1:24 剑鞘,推测可能存在木质剑鞘上。表面涂覆大漆并镶嵌绿松石。

科学检测分析部分:通过 XRF、XRD、IR、SEM-EDS、OM 和液相色谱分析等,确定 3 个玉玦为软玉,玉玦绿色芯部为绿松石,镶嵌物为绿松石。M1:24 剑埋葬环境中土壤的孔隙率较小,透水性、透氧性比较差,环境稳定性较好;通过锈蚀物分析,确定 M1:24 剑属于铜锡合金,可能含有少量的铅,为铸造成形。同时初始合金中还存在少量银,目前以 Ag_2S 形式存在。腐蚀产物以非晶态 SnO_2 为主。腐蚀严重可能与埋藏土壤环境有关,原因初步分析是特殊的埋藏环境造成铜元素大量流失,生成非晶

态 SnO_2 为主锈蚀产物。

通过保护技术研究，解决了玉石清洗，青铜加固处理和高矿化度青铜器从土壤中分离、提取等技术难点，尤其是高矿化度青铜器分离、提取和青铜加固技术是本项目的难点，通过与国内外专家的讨论、交流，多次试验摸索后，找到合适的途径。在文物保护处理后的表现手法上，尤其是针对痕迹的保存也做了一些尝试，得到了专家的认可。

通过对这批文物的保护处理，摸索出了高矿化度青铜器带土提取后，从实验室微型考古发掘、埋藏环境、埋藏文物及相关信息、腐蚀产物的检测分析，到青铜文物提取和加固技术等保护处理的一条比较可靠的技术路线。

2. 高矿化度青铜器加固技术

本项目通过对样品的检测分析，确定 SnO_2 是主要腐蚀产物。SnO_2 性质比较脆和硬，遇到湿度变化，易产生龟裂而破损。虽然在出土时保持着良好外观，但干燥过程中产生酥粉现象，用手轻轻拿动时边缘容易酥解掉块，这种矿化与高矿化度的性质主要体现的是 SnO_2 的特性。由于还含有 SnO_2 的水合物，在脱离潮湿的土壤环境后，结合水蒸发，也造成龟裂而破损。因此项目组面临的首先是高矿化度青铜器的加固处理问题。

高矿化度青铜器的加固处理，目前的文献资料比较少，国内见于报道的资料仅仅见于南京博物馆，《国家科技部"十五"攻关专项资金支持的金属类文物的病害及其防治的研究》课题做了材料的筛选和工艺方法研究[①]。国内有些学者也做了一些实践应用，但应该说都还处于尝试和探索阶段，系统的基础理论及加固原理的研究工作还没有开展。

加固材料的选择一般选用高分子材料，采用浸泡、刷涂或减压渗透等工艺。常用化学试剂有丙烯酸树脂，及醋酸乙烯树脂，聚乙烯醇缩丁醛树脂等，近年也有学者尝试采用有机硅和有机氟等新材料。国外的学者还有的采用丙烯酸树脂复配技术，近年国内的学者对丙烯酸树脂的溶剂进行了多种尝试，尤其针对 Paraloid B72 丙烯酸树脂溶

---

① 《国家科技部"十五"攻关专项资金支持的金属类文物的病害及其防治的研究》课题：4-39 至 4-67。

剂做了许多改进，从毒性较大的二甲苯、三氯乙烷、到丙酮、乙酸乙酯溶液，从渗透性能和药物安全方面不断改进加固性能。

目前加固材料的选择和加固程度还依据定性的经验性试验方法，材料处理后的老化性能也缺少实验数据的支撑。因此，高矿化度青铜器的加固处理技术还需要继续深入研究，本次所采用的技术也有待历史的检验。

3. 高矿化度青铜器现场提取技术

在现场提取技术中有一种适合糟朽、敏感易碎文物的提取方法，专业术语为"现场石膏包封护提取技术"，即把遗物连同周围淤积土一同切取封护固定在石膏包中[①]，以便为将来在实验室科学细致地清理创造条件。这种技术从石膏包封固、提取，到实验室微型发掘中的清理、修复、保护及记录，成功提取了易碎文物。近几年还开始采用轻便的树脂材料作为提取技术中的载体材料。

现场提取技术的推广和应用研究，如再配合予加固等考古现场保护手段，将能最大限度地保证高矿化度金属文物的安全提取。

现场提取后进入实验室考古清理，有的学者提出需要进行实验室考古微型发掘，以获取完整的文物信息和科学的保护处理。我们的项目开始也是准备按照实验室考古微型发掘的路线进行，但是经过了解，发现实验室考古微型发掘还停留在学术探讨阶段，它的准确定义，具体程序和技术手段学术界还在研究探索中。本项目的实验室清理工作，在这方面进行的一些摸索，但还有待考古学者的更多介入，更多文物保护工作者通过实践以充实和完善，以解决考古现场提取的文物到实验室后的科学保护和清理，做到真正的实验室考古发掘。

4. 日常维护和预防性保护

经过保护处理，文物虽然处于相对稳定的状态，但毕竟是严重糟朽酥脆、有过断裂的带病文物。因此保存期间，要注意环境的稳定，还需要定期检查青铜器的保护状

---

① 哈特姆特，冯·雷克夫斯基.北周孝陵发掘工地石膏封护提取文物的保护技术：267-272.

况，以确定文物处理后的有效性和修复性材料的耐久性。有问题时早发现，尽快采取措施。尤其剑和戈在挪动时轻拿轻放，尽量避免磕碰和震动。

青铜器的腐蚀往往来自环境的变化，保护处理过的青铜器，受到来自周围环境的经常或者间断的物理、化学、灰尘、空气污染和温湿度变化等等的作用，也会产生新的腐蚀和损坏。因此要阻断发生病变的外因，必须对其保存环境进行有效控制。适用于青铜器的保存条件：温度20度，湿度40%以下［IIC（国际文物保存科学会）、ICOM：（国际博物馆学会）、ICCROM：（国际保存修复中心等）组织推荐］[①]。在博物馆保存环境条件不具备时，建议在库房采用高密闭性的袋子封存保管文物。

---

① 奚三彩．文物保护技术与材料．国立历史博物馆，1999：6.

第六章　青铜腐蚀与土壤环境关系研究

1. 青铜合金的组织结构

青铜为铜锡合金，由于锡元素的加入，与纯铜相比具有较低的熔点并增加了可塑性，强度得到了改善并且可以使外表更加精细。少量铅元素的加入增加了合金的润滑性，改善了加工性能，在锡青铜中含有少量铅是中国青铜合金的一个特点[1]。

青铜在理想二元青铜合金相图中存在 α 相，为 Sn 在青铜中铜的置换固溶体，面心立方体（FGC）结构，塑性好。β 相，以电子化合物 Cu_sSn 为基的固溶体，在 586℃ 发生共析转变由 β 到（α+γ），为体心立方体（BGC）结构。γ 相，以电子化合物 $Cu_{31}Sn_8$ 为基的固溶体，526℃ 发生共析转变由 γ 到（α+δ），为复杂立方（γ 黄铜）结构，硬而脆。δ 相，在 350℃ 发生共析转变由 δ 到（α+ε），ε 相，以电子化合物 Cu_3Sn 为基的固溶体，密排六方体（HCP），极硬而脆。在实际冷却条件下，δ 到（α+ε）由于转变很慢很难进行完全，室温下只能得到 α+δ 组织。

Cu-3n 相图比较复杂，铜锡合金结晶温度很宽，故易于产生偏析，且锡在铜中扩散困难。因此锡青铜的实际组织与平衡组织相差很大。在现代生产中获得应用的 Cu-Sn 相图如下图。

锡含量低于 5%～6% 时，α 相是铜锡合金基本相组成物。铸造过程中如果原子扩散速度小于晶体结晶的生长速度，显微组织中会出现晶内偏析。合金凝固温度范围越大，铸造组织的冷却速度越快，原子扩散越难以完成，晶内偏析愈严重。当含锡量大于 5%～6%（这个值与冷却速度有关）小于 36% 时，首先形成 α 相，然后经过一系列复杂的变化，最后剩余的金属溶液形成了（α+δ）共析体。含锡量越高共析体含量越高。δ 相很稳定，难以转变为其他相，所以铸态下的组织为树枝状 α 固溶体及（α+δ）共析体[2]。

---

[1] 马承源．中国青铜器．上海：上海古籍出版社，1998：499-510.
[2] 苏荣誉，华觉明，李克敏，等．中国上古金属技术．济南：山东科学技术出版社，1995.

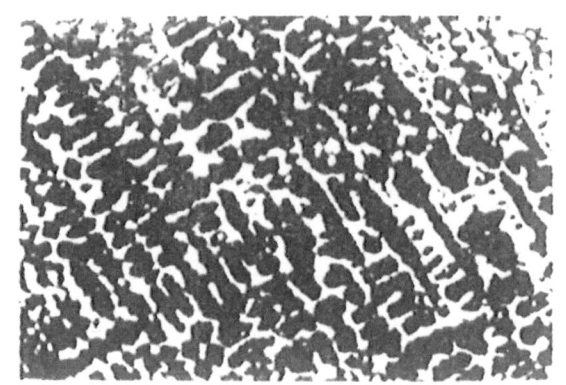

（a）含锡5%，铸态，a组织

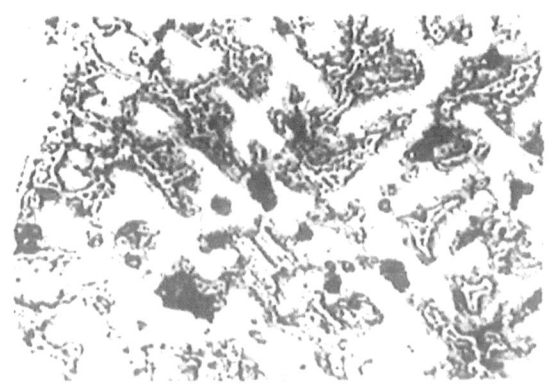

（b）含铅的高锡铜，a+(a+δ)+Pb 组织

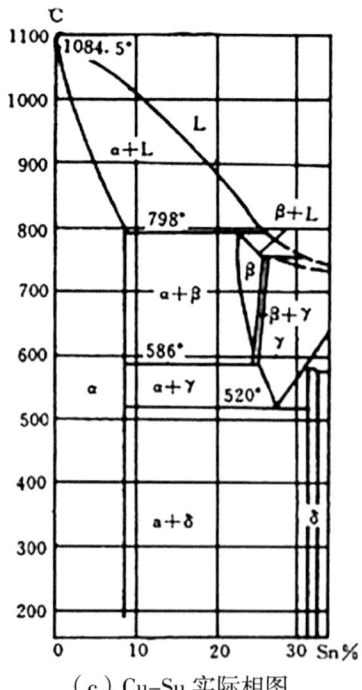

（c）Cu-Su 实际相图

Cu-Su 实际相图及铸态组织

第六章　青铜腐蚀与土壤环境关系研究

Scott 根据锡含量把古代锡青铜分为高锡、低锡两类，含锡小于17%为低锡青铜[1]。α 固溶体中锡的最大溶解度理论值为17%，实际值为14%左右。在通常铸造条件下，含锡小于6%时，显微组织为单相 α 固溶体，并存在明显的树枝状晶内偏析。大于6%时，有（α+δ）共析体析出，随着含锡量增加，（α+δ）共析体量增多。但是，由于不同器物铸造时的冷却速度不同，因此显微组织显示的（α+δ）共析数量增多情况，与含锡量之间未见明显的规律性。中国古代青铜的显微组织与现代使用的各类铜合金图谱有较多的不同，因而需要做更多研究积累工作[2]。

2. 青铜腐蚀产物研究

2.1 青铜腐蚀产物研究现状及意义

Scott D·A 对铜锈（patina）和腐蚀产物（corrosion products）进行了严格的界定。铜锈（patina）是保持了器物的外形和表面细节且光滑而连续的锈蚀层。腐蚀产物（corrosion products）是不连续的矿物沉积层[3]。

我国青铜传统修复师们根据肉眼观察，以青铜铸层的形态和颜色为依据，将青铜腐蚀现象分为地子和锈被两大类[4]。文物修复大师高英先生[5]将腐蚀现象分为光膜类腐蚀、锈被类腐蚀和膨胀类腐蚀三大类。按照锈色把青铜表面的锈蚀产物分为绿、蓝、红、黄、白、紫、灰等20多种。不同颜色的腐蚀产物与所产生矿物的组成有直接关系。一般常见的锈蚀产物见下表。

青铜文物锈蚀产物

矿物名称	分子式	颜色
赤铜矿	Cu_2O	深红色或深棕色
黑铜矿	CuO	黑色

---

[1] Scott D. A. Metallorgraphy and of Ancient and Historic Metals. Singrpore：J Paul Getty Trust，1991.
[2] 北京科技大学冶金与材料史研究所，北京科技大学科学技术与文明研究中心编. 中国冶金史论文集（第四集）：61-81.
[3] Scott D. A. 艺术品中的铜和青铜（腐蚀产物，颜料，保护）. 马清林，潘路，等译. 北京：科学出版社，2008：1.
[4] 陈仲陶. 从青铜器地子的腐蚀谈文物保存环境中的"防"与"治". 76-78.
[5] 高英. 金属修复. 北京：文物出版社. 1980.

续表

矿物名称	分子式	颜色
孔雀石	$Cu_2(OH)_2CO_3$	浅绿色
蓝铜矿	$Cu_3(OH)_2(CO_3)_2$	亮蓝色
水羟基铜石	$CuCO_3 \cdot Cu(OH)_2$	浅蓝色
斜方铜绿锌矿	$(Cu,Zn)_2CO_3(OH)_2$	蓝绿色
铜绿锌矿	$(Cu,Zn)_5(CO_3)_2(OH)_6$	浅绿色
氯化亚铜	Cu_2Cl_2	浅绿色
氯铜矿	$Cu(OH)_3Cl$	浅亮绿色
副氯铜矿	$Cu(OH)_3Cl$	浅绿色
羟基氯铜矿	$Cu(OH)_3Cl$	浅蓝绿色
锌三方氯铜矿	$(Cu,Zn)_2(OH)_3Cl$	亮绿色
蓝矾	$CuSO_4 \cdot 5H_2O$	深绿色
羟铜矾	$Cu_3(OH)_4SO_4$	浅蓝绿色
水胆矾	$Cu_3(OH)_4SO_4$	亮绿色
块胆矾	$Cu_3(OH)_4SO_4$	亮绿色
铅蓝矾	Cu_2Pb_5	树脂绿
斜方蓝辉铜矿	Cu_2S_4	金属蓝灰色
辉铜矿	Cu_2S	金属灰黑色
靛铜矿	CuS	类金属蓝
碳酸铅	$PbCO_3$	白色
铅矾	$PbSO_4$	无色－白色
二氧化锡	SnO_2	灰白色
氯铅矿	$PbCl_2$	

Scott D. A 通过对青铜文物进行断面分析、汇总（见下图），给出了腐蚀结果在铜合金表面的不同表现[1]。

---

[1] Scott D. A. Metallorgraphy and of Ancient and Historic Metals. Singrpore：J Paul Getty Trust，1991.

第六章 青铜腐蚀与土壤环境关系研究

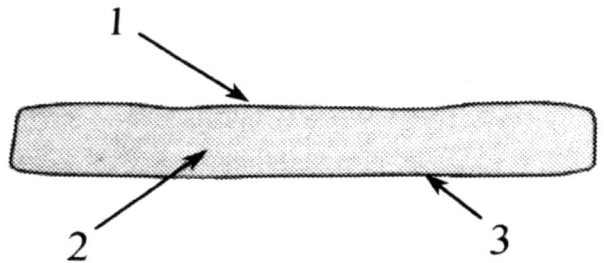

1 "铜锈"（氧化物，碳化物，油脂，漆等）；
2 金属芯；3 原始表面。

在腐蚀过程中保持了外形

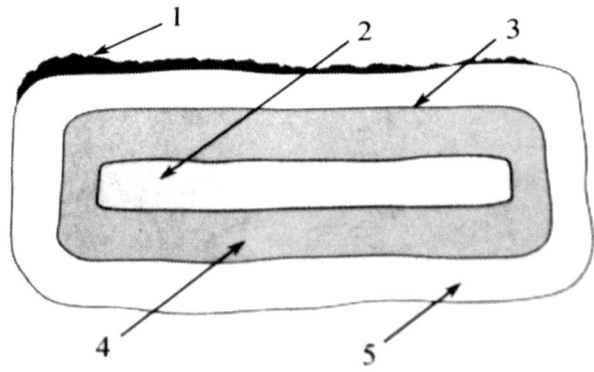

1. 土壤矿物质，附着物，可替代有机物等；2. 金属芯；
3. 原始表面；4. 几乎全部是赤铜矿；5. 二级腐蚀产物，
如孔雀石，赤铜矿，碱式氯化铜等。

合金表面由于腐蚀而破坏

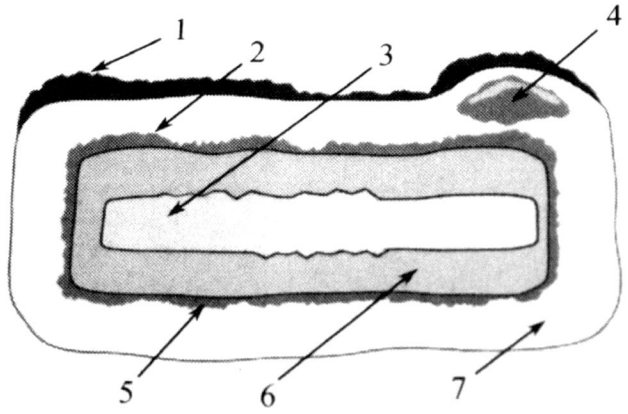

1. 含有土壤矿物质的不规划表面；2. 原始表面，先辈破坏；
3. 金属芯；4. 底层含有氯化亚铜的鼓包状腐蚀产物；
5. 氯化亚铜；6. 大部分为含有一些氯化铜的赤铜矿；
7 二级腐蚀产物，如孔雀石，赤铜矿等。

覆盖有锈层的金属芯

姚青芳在几件典型青铜器金相组织的分析一文中，给出了典型古代青铜器点腐蚀坑形貌图，具有更加复杂的腐蚀层结构[①]。

L. Robbiola 认为青铜的腐蚀结构分为三层：集体层、中间层和过渡层。集体层是合金组成层，中间层是指各种致密腐蚀产物层，过渡层是指含有土壤成分的腐蚀产物。并根据腐蚀层表面形态把表面分成两类：一类是平整表面（even surface），指表面平整紧密，对青铜文物进一步腐蚀有阻碍作用；另一类是粗糙表面，指原始表面出现严重损害，出现高低不平或瘤状起伏[②]。

Scoft D. A 提出铜与锡、锌、砷、锑和铅的合金是很常见的合金，这些合金元素的性能对腐蚀产生很大的影响，但是人们对它们的性质不是非常了解或不能正确理解[③]。

2.2 青铜腐蚀产物研究方法及意义

多种现代分析技术用于金属、腐蚀产物形貌及成分分析，如 X 射线衍射（XRD），电感耦合等离子体质谱（ICP-MS），扫描电子显微镜（SEM），电子微探针（EPMA），傅立叶转换红外光谱（FT-IR），X 射线荧光光谱（XRF）和光学金相显微分析。

腐蚀产物保留了器物过去的保存环境以及造成器物腐蚀原因的重要线索。通过对腐蚀产物组成和结构进行检测分析，可以了解腐蚀产物的种类和性质，对文物保护工作具有重要的指导意义。腐蚀特征及腐蚀程度可以协助判定器物的真伪，可以帮助判定器物是否稳定以及某种保护处理措施是否适用；贸然剔除腐蚀产物可能会去掉重要的历史信息或精细的器表特征，甚至可能损坏器物的初始外形和表面细节；对腐蚀产物的认知还可以协助提供选择最优保护环境（是开放性展示，还是放在展柜中）的科学基础。对于完全矿化的器物，腐蚀产物分析很可能是分析其成分或矿料来源的唯一线索。

---

① 姚青芳. 几件典型青铜器金相组织的分析. 文物科技研究（4）. 北京：科学出版社，2006：19.

② Robbiola L, Blengino J -M, Faud C. Morphology and mechanisms of formation of natural patinas on archaeological Cu-Sn alloys. Corrosion Science, 1998, 40 (12): 2083-2111.

③ Scott D. A. Metallorgraphy and of Ancient and Historic Metals. Singrpore: J Paul Getty Trust, 1991.

3. 青铜腐蚀机理研究

3.1 青铜腐蚀的基本概念

腐蚀的分类，按照介质环境分为大气腐蚀、土壤环境腐蚀和海水腐蚀。U. R. Evans 对腐蚀进行如下解释，把腐蚀当成化学动力学的分支研究；把腐蚀当成结晶结构的破坏研究；把腐蚀作为冶炼过程的一个逆过程；把腐蚀看作是化学热力学的一个分支；把腐蚀看作金属的疾病[1]。金属材料由于受到周围介质的作用面而发生状态的变化，转变成新相，称为金属腐蚀[2]。青铜器腐蚀，是指青铜本体受到各种环境介质的侵蚀，使青铜发生化学反应和电化学反应，铜、锡、铅等变成化合物，还原到矿化物的过程[3]。

3.2 金属化学腐蚀与电化学腐蚀

参与腐蚀反应的反应离子直接在相互碰撞中进行价电子的转移而完成腐蚀反应，此过程称为化学腐蚀[4]。

当金属与电解质溶液相互作用时，由于电量可以通过金属及溶液传递，金属的氧化过程与具有离子导体的溶液中的氧化组分的还原过程在一定程度上看作彼此独立、分开进行的过程，并组成一队平行进行、速度相等的"共轭反应"，这两个过程可以在不同的地点发生。这种情况就称为金属的电化学腐蚀，或称为金属按电化学机理"自溶解"。一般认为，金属的电化学腐蚀现象比化学腐蚀现象出现的更广泛[5]。

3.3 青铜腐蚀过程及腐蚀产物形成的原因

周剑虹等[6]通过对青铜锈蚀试样进行 XBD 分析得出"粉状锈"不是在埋藏过程中"原生"的，而是由于青铜器出土时已含有"粉状锈"的病灶氯化亚铜、氯铜矿或二者

---

[1] 张承志. 文物保藏学原理. 北京：科学技术出版社，2003：422-423.
[2] 曹楚南. 悄悄进行的破坏——金属腐蚀. 北京：清华大学出版社，广州：暨南大学出版社，2000.
[3] 王成兴，尹慧道. 文物保护技术. 合肥：安徽大学出版社，2005：111.
[4] 曹楚南. 悄悄进行的破坏——金属腐蚀. 北京：清华大学出版社，广州：暨南大学出版社，2000.
[5] 查全性，等. 电极过程动力学导论. 北京：科学出版社，2005.
[6] 周剑虹. 青铜腐蚀与土壤埋藏环境关系的初步研究. 西安：西北大学，2006.

的混合物，放置于大气环境中缓慢形成的。生成粉状锈的主要因素有 4 个：氧化气氛、潮湿环境、酸性环境、可溶氯离子。其生成机理为埋藏于土壤中的青铜器与环境中的氧、氯离子、水分经过电化学腐蚀，在青铜的表面生成碱式碳酸铜、氧化亚铜及氯化亚铜，处于亚稳态的氯化亚铜接触到氧气和水分时就会转化为碱式氯化铜，与此同时体积发生膨胀。其反应式如下：

$$2Cu + 1/2O_2 + 2Cl^- + H_2O = 2CuCl(C) + 2OH^-$$

$$\triangle G_{298} = -108.58 kJ$$

若在酸性溶液中

$$2Cu + 1/2O_2 + 2Cl^- + 2H^+ = 2CuCl(C) + H_2O$$

$$\triangle G_{298} = -268.42 kJ$$

$$4CuCl + O_2 + 4H_2O = 2Cu(OH)_3Cl + 2HCl$$

$$\triangle G_{298} = -1510 kJ$$

从热力学吉布斯自由能分析，这些反应均有很强的正向反应趋势，这就是青铜器主要腐蚀产物生成的原因。

铁付德等[①]通过检测试样的腐蚀产物，结合热力学分析认为金属铜与环境中的有害组分作用形成腐蚀产物，这些最初的腐蚀产物仍将进一步变化，最终转化为最稳定的形态。热力学上粉状锈不会进一步与基体金属作用，有害粉状锈并不具有化学活性，只是因其疏松成吸湿粉末状并与其他锈形成混杂锈体产生缺陷和孔隙，而形成有害物质交换、扩散、迁移的通道，腐蚀过程正是借助于这种作用而进行。

冯绍彬等[②]对不同人工大气腐蚀方法得到的试片进行了 Tafel 曲线测试，并计算腐蚀电流。采用铜片上电镀 Cu-Sn-Pb 三元合金作为研究电极，利用电镀层具有孔隙的特点较好地模拟了青铜器小孔腐蚀，用高效钝化法处理氯化亚铜，经分析测定可认为经钝化剂处理后 CuCl 结构发生了某些新的变化，是引起电化学发生改变的原因。试验结果表明 CuCl 的腐蚀电流最大，是最有害成分，而 $Cu_2(OH)_3Cl$ 与空白试片的腐蚀电流相近，它并不是有害锈。在青铜器腐蚀产物组成的固、液、气三相界面上进行氯的去

---

① 铁付德，陈卫，于鲁冀，等. 古代青铜器的腐蚀及其控制研究. 文物保护与考古科学，1997，9（2）：9-15.

② 冯绍彬，冯丽婷，胡芳红，等. 氯化亚铜加速青铜器腐蚀的研究. 中国化学会第二十五届学术年会论文摘要集（上册），2006：12.

极化反应是影响青铜器腐蚀的主要原因。

王宁等[①]采用电化学测量技术研究模拟青铜器样品在五种典型电解质和模拟土壤溶液中的腐蚀行为。实验结果表明在氯化钠、硫酸钠、磷酸钠、氢氧化钠、碳酸氢钠以及模拟的土壤溶液中，青铜器组织中的 α 相比 δ 相及（α+δ）共析体组织更容易发生腐蚀。介质的 pH 值以及不同离子对青铜器不同相组织的腐蚀行为影响很大。

张展适等[②]采用地球化学模式程序 EQ3/6，研究了青铜蚀变过程，结果表明在土壤中常见的 Eh 和 pH 及研究区的年平均温度条件下，铜离子的含量达到一定的浓度时，有赤铜矿、孔雀石及黑铜矿等次生矿物生成。当铜离子的浓度由于生成了黑铜矿及孔雀石等矿物而降低后，溶液中的溶解氧及 CO_2 则可能与 Sn 和 Pb 等反应生成锡石及白铅矿灯矿物。所以青铜的腐蚀大致可分为两个阶段：第一阶段生成黑铜矿和孔雀石，第二阶段生成白铅矿和锡石等矿物。

于平陵[③]对宝鸡和周原遗址部分青铜器腐蚀状况进行了研究，采用 XRD、XRF、金相显微镜（OM）、SEM 及 EPMA 等方法分析了部分残片，并检测了埋藏土壤，结果表明周原及宝鸡青铜器为铜、锡二元合金及铜、锡、铅三元合金，其金相组织为单相固溶体及多相共析体，铅以游离状态存在，存在着大量的晶间和相间，腐蚀容易发生在晶间和相间。锡通常在原位置生成 $SnOH_4$ 凝胶，易脱水变成 SnO_2，进入其他腐蚀产物或周围环境中。

冯丽婷等[④]通过电镀适当空隙的 Cu-Sn-Pb 三元合金作为青铜器模拟试片，用腐蚀膏试验和微电极测试，研究了氯化亚铜（CuCl）、碱式氯化铜 $[Cu_2Cl(OH)_3]$ 和碱式碳酸铜 $[Cu_2(OH)_2CO_3]$ 等腐蚀产物对氧的去极化反应的影响，结果表明 CuCl 使试片的腐蚀速度高出其他二价铜盐两个数量级，对氧的去极化反应催化活性最高，氧电极的放电性能稳定并且模拟了被称为"粉状锈"的 $Cu_2Cl(OH)_3$ 的生成过程，提出了加速青铜器小孔腐蚀的多孔氧电极机理。

[①] 王宁，和积锉，孙淑云，等.模拟青铜器样品在典型电解质溶液中的电化学行为研究.文物保护与考古科学，2007，19（4）：45-49.
[②] 张展适，陈少华，陈障茹，等.青铜文物腐蚀过程的模拟研究.原子能科学技术，2004.
[③] 于平陵.青铜器"纯铜晶粒"现象辨析.文博，2002（5）：65-69.
[④] 冯丽婷，张巍，刘清，等.应用电位活化理论研究青铜器的腐蚀与保护二：关于多孔氧电极的加速腐蚀机理研究.文物保护与考古科学，2007，19（2）：1-4.

王菊琳等[1]用模拟闭塞电池对青铜试样在模拟土壤溶液（0.028mol·L^{-1}NaCl+0.01mol·L^{-1}Na$_2$SO$_4$+0.0160mol·L^{-1}NaHCO$_3$）中的腐蚀行为进行了研究，发现了青铜局部腐蚀过程中，环境介质离子、阳极腐蚀产生的阳离子等物质的迁移、富集和沉积规律，闭塞区内的阳离子明显地走向主体溶液迁移的现象。

王菊琳等[2]用模拟闭塞电池法研究了青铜试样在（0.028mol·L^{-1}NaCl+0.01mol·L^{-1}Na$_2$SO$_4$+ 0.0160mol·L^{-1}NaHCO$_3$）模拟环境介质中的局部腐蚀孔内或裂纹内的化学变化，通电32小时后，青铜中各元素选择性腐蚀的顺序为Pb>Cu>Sn，腐蚀速率为Pb>Cu>Sn，用XRD分析了腐蚀产物的组成，解释了青铜文物表面腐蚀产物的分层现象。腐蚀产物的成分随着腐蚀时间的延长而变化，最初的主要成分为CuCl及其少量水解产生的Cu$_2$O，然后生成少量Cu$_4$SO$_4$(OH)$_6$和微量的CuCl(OH)$_3$，在整个腐蚀过程中都有CuCl的生成，腐蚀产物是分层的，内层为CuCl，中间层为CuCl和Cu$_2$O，外层为Cu$_4$SO$_4$(OH)$_6$H$_2$O。

冯绍彬等[3]应用电位活化理论分析和阐述了青铜器腐蚀的观点，对青铜器腐蚀的全过程提出了致密膜保护期、保护膜破坏局部腐蚀期和小孔腐蚀粉状锈加速期三个阶段，在空气中，青铜器表面一般均可形成一层氧化物、碳化物保护膜。青铜器表面保护层的局部破坏就形成了以表面为大面积阴极，破坏处铜基体为小面积阳极组成的腐蚀电池，它具有下列特点：（1）腐蚀速度明显加大；（2）腐蚀产物保护性较差；（3）腐蚀呈不均匀分布；（4）能再次钝化使腐蚀停止；（5）"自催化作用"会使布局腐蚀加速，并认为Cl$^-$离子的存在和氧的去极化反应是青铜粉状锈加速的根本原因。

黄宗玉等[4][5]用XRD和SEM-EDS从材料科学的角度对腐蚀的青铜试样锈蚀机理进行了较为全面的研究，试样组织结构可分为完全矿化层、中间过渡层和芯部原始组织

---

[1] 王菊琳，许淳淳，吕国诚. 三元青铜环境界面上物质转移的化学行为. 材料研究学报，2004，18（3）：244-250.

[2] 王菊琳，许淳淳. 青铜在土壤中局部腐蚀过程的化学行为. 化工学报，2004，55（7）：1135-1139.

[3] 冯绍彬，商士波，张巍，等. 应用电位活化理论研究青铜器的腐蚀与保护. 文物保护与考古科学，2005，17（1）：5-8.

[4] 黄宗玉，潘春旭，倪婉，等. 春秋战国楚国青铜箭镞的锈蚀机理研究. 电子显微学报，2006，25：186-187.

[5] 黄宗玉，潘春旭，倪婉，陈官涛. 长江中游地区楚墓中出土的青铜箭镞的锈蚀现象及锈蚀机理研究. 文物保护与保护考古科学，2008，20（4）：16-25.

三个特征组织区（层）。实验中观察到过渡层呈"锯齿状"或"针状"沿晶界向芯部原始材料逐步发展和延伸的现象，说明青铜锈蚀过程首先从界面能较高的 α 固溶体与 (α+δ) 共析体间的晶界或孔隙处形成晶间腐蚀，然后逐渐向内部扩展。过渡层的产物与完全锈蚀矿化层的产物基本一样。由于 Cu 比 Sn 更容易被腐殖酸络合而流失，所以腐蚀部分 Cu 的化学稳定性低，在不断氧化、溶滤过程中 Cu 几乎完全流失耗尽，而富 Sn 的 δ 相不易被腐蚀。

样小林等[1]用 SEM、XRD、离子色谱等方法，对青铜器的腐蚀现象从锈蚀结构、青铜基体进行了研究。认为腐蚀现象的形成与青铜基体中锡元素含量及其化学性质有关。高锡青铜器表面易生成一层致密的化学性能相对稳定的二氧化锡、氧化亚锡薄膜，该膜不溶于有机酸等溶液，而铜的氧化物等易溶于有机酸而流失。

孙淑云等[2]采用 SEM、XPS 和 XRD 分析了黑漆古铜镜，铜镜经过氧化－络合－水化－水解－凝胶析出等一系列变化，铜由于腐殖酸络合而流失，锡不发生络合富集于表面，最后形成拟二氧化锡析金为主的表面层。

Nebil Souissi 等[3]通过对比含 10% 锡的 Cu-Sn 合金、纯铜和锡在氯化物水溶液中的化学行为，得出控制电荷转移的氧的减少和含有电荷的电解液是腐蚀形成的主要原因，并且发现了在高的正电势下，腐蚀产物层起部分保护作用。

L. Robbiola[4]通过对典型青铜锈蚀物的断面检测及主要成分分析（PCA），认为青铜的腐蚀结构分为三层，基体层、中间层和过渡层。基体层是合金组成层，中间层是指各种致密腐蚀产物层，过渡层指含有土壤成分的腐蚀产物。并根据腐蚀层表面形态把表面分成两类，一类是平整表面（even surface），对青铜文物进一步腐蚀有阻碍作用；另一类是粗糙表面，损害严重，出现高低不平或瘤状起伏[5]。第一种锈蚀类型是由于在土壤电位下铜发生选择性溶解，锡原位沉积，锈蚀物的增长受控于阳离子迁移。第二

---

[1] 杨小林，李艳萍，王建平. 新干商代大墓青铜器腐蚀分析研究. 2006，18（4）：33-38.

[2] 孙淑云，马肇曾，金莲姬，等. 土壤中腐蚀酸对铜镜表面"黑漆古"形成的影响. 文物，1992（12）：79-89.

[3] Nebil Souissi Emmanuel Sidot et al. Corrosion behaviour of Cu-10Sn bronze in aerated NaCl aqueous media-electrochemical investigation. Corrosion Science，2007（49）：3333-3347.

[4] Epelboin I, Keddan M, Takenouti H, Appl J. Electrochem, 2（1）：71（1992）.

[5] Robbiola L, Blengino J-M, Faud C. Morphology and mechanisms of formation of natural patinas on archaeological Cu-Sn alloys. Corrosion Science，1998，40（12）：2083-2111.

种锈蚀类型是合金溶解及铜沉积，这类腐蚀是由于率等阴离子扩散而后形成了铜离子多孔层。

周剑虹[1]把锡青铜、高锡青铜、高铅青铜放到不同离子浓度、pH值、含水率及孔隙度的土壤中进行腐蚀实验，样品放置2～3个月后，得出离子浓度、pH值对青铜腐蚀影响最大。高锡青铜因为生成的腐蚀物二氧化锡不溶于水，而富集于青铜表面，形成致密的氧化膜，从而阻碍了离子的迁移，使得高锡青铜最耐腐蚀。

4. 青铜土壤腐蚀研究方法

在土壤腐蚀研究领域，实验方法、手段的创新是提高土壤腐蚀研究整体水平的基础、围绕影响土壤腐蚀的主要因素展开，各主要因素的作用效果及其相互间的作用是土壤腐蚀研究的重点。

4.1 测定土壤理化性质法

土壤室外埋藏实验是指在选取的典型土壤环境中，埋设按照土壤腐蚀实验方法制备的标准试件，然后经过一定埋藏周期后挖掘出，经过清洗、除锈、干燥、称重等处理，确定试件的腐蚀失重和腐蚀速度。埋片失重法是最传统的研究方法，但由于试验周期长，重现性差等原因，国内外学者提出根据土壤理化性质测定来评估土壤的腐蚀性[2]。

目前常用的评价指标有单项指标法，如土壤电阻率、含水量、含盐量、交换性酸总量和pH值、氧化还原电位等，单项指标法过于简单，没有任何一个因素可单独决定土壤的腐蚀性，目前倾向于多项指标综合法，如德国的Baeckman法，美国的ANSI A21.5法等。

4.2 化学法和电化学法

化学法研究青铜土壤腐蚀以化学热力学和化学动力学为指导，对青铜器表面所发生的氧化、硫化等腐蚀现象进行化学层面的解释。

从腐蚀机理上讲，青铜的腐蚀属于电化学腐蚀。电化学方法主要是在模拟的土壤

---

[1] 周剑虹. 青铜腐蚀与土壤埋藏环境关系的初步研究. 西安：西北大学，2006.

[2] Nebil Souissi Emmanuel Sidot et al. Corrosion behaviour of Cu–10Sn bronze in aerated NaCl aqueous media–electrochemical investigation. Corrosion Science，2007（49）：3333–3347.

介质中研究青铜的电化学行为。采用电化学方法不仅可以在一定程度上模拟青铜腐蚀过程，而且其优点也突出表现在能够加速青铜腐蚀过程上。

由于土壤组成的复杂性，金属材料在土壤中的腐蚀，虽然其机理属于电化学腐蚀，但其腐蚀行为比在通常的介质中要复杂很多，因此研究过程具有一定的特殊性和困难。为了快速而准确地测定金属材料在土壤介质中的腐蚀速度随时间的变化规律，近年来，相继开发了一些电化学测试方法，如极化曲线法、交流阻抗技术等，从而为深入研究土壤腐蚀机理提供了技术支持。

极化曲线法是电化学测量中最基本的方法，也是研究电极过程动力学的最重要的方法。根据金属电化学腐蚀理论，测定金属电极的稳态极化曲线，可以分析腐蚀过程的控制步骤。由极化曲线可以得到很多重要参数，如 Tafel 斜率、腐蚀电流、极限扩散电流密度等。由极化曲线法测定腐蚀速度通常使用线性极化法和外推法。

交流阻抗技术是 1972 年由 Epleboin 等人提出的用于测量金属腐蚀的技术[1]。1983 年，Scully J R 和 Bundy K T 联合首次将这一技术用于土壤腐蚀研究[2]。控制电极交流电位（或控制电极的交流电流）按小幅度（一般小于 10 毫伏）正弦波规律变化，然后测量电极的交流阻抗，进而计算各电化学参数。

4.3 现代检测技术用于土壤腐蚀研究

近年来，随着表面分析测试技术的发展，借鉴材料科学的分析手段，如三维视频显微镜、金相显微镜、矿相显微镜、SEM-EDS、XPS、离子色谱、XRF、XRD、FT-1R、激光拉曼光谱、ICP-MS 等现代科学仪器可将青铜器由表面到基体进行深度剖析，将腐蚀物成分、形貌、晶态等微观信息特征更多地展现出来。

4.4 土壤对青铜腐蚀的影响

土壤是一种具有特殊性质的电解质。金属 – 土壤界面上存在如同金属 – 溶液界面上的双电子层，这个双电子层使金属与土壤间产生电位差，这个电位差就是金属在土壤中的电极电位[3]。土壤是毛细多孔的，也是胶质体系，容易出现不同范围内的不均匀

---

[1] Epelboin I, Keddan M, Takenouti H, Appl J. Electrochem, 2（1）: 71（1992）.

[2] Scully J R, Bundy K J. Corrosion/83. NACE, Houston Texas, 1983: 253.

[3] 林清枝. 金属在土壤中的腐蚀. 化学教育, 1997（2）: 5-7.

性，这些特征构成电化学腐蚀过程的复杂性[①]。

王宁等[②]为了具体探讨青铜器不同相组织的腐蚀状况，采用电化学极化测量技术并结合金相显微分析研究模拟青铜器样品在五种典型电解质和模拟土壤溶液中的腐蚀行为；同时在浸泡实验中，对各试样的自然腐蚀电位进行监测。

王菊琳等[③]通过强化电解质浓度，对青铜试样在模拟土壤溶液（0.028M NaCl+0.01M Na_2SO_4+0.016M $NaHCO_3$）中的腐蚀行为进行了研究，清楚地演示了青铜局部腐蚀过程中环境介质离子、腐蚀产生的离子等物质的迁移、富集和沉积规律。

钟家让[④]通过对土壤理化特性的研究，解释了河南省安阳与信阳两地区出土的青铜器所呈现出的两种截然不同的腐蚀特征。安阳出土的青铜器多发有粉状锈和有害锈，而信阳的却极少有。经过分析得出信阳地区集中分布着黄棕壤、黄冈土，透水透气性差，因此腐蚀性相对较弱。

王煊[⑤]通过对三星堆遗址中祭祀坑土壤盐分分析及酸碱度测定，对土壤生土层矿物组成进行 XRD 测试以及成分对比，同时也对土壤温度及水中含氧量进行测定，得出钙离子（Ca^{2+}）和镁离子（Mg^{2+}）的含量大大高于钾离子（K^+）和钠离子（Na^+）的含量，碳酸氢根（HCO_3^-）的含量又大大高于氯离子（Cl^-）含量，说明该土壤环境是偏酸性的。在这种环境作用下，铅的反应过程是：

$$Pb(OH)_2+2H^+=Pb^{2+}+2H_2O$$

$$Pb^{2+}+CO_2+H_2O=PbCO_3+2H^+$$

另外 $PbO·xH_2O$ 也会与碳酸氢盐直接发生反应生成碳酸铅沉淀，反应过程为：

$$Pb(OH)_2+Ca(HCO_3)_2=PbCO_3+2H_2O+CaCO_3$$

土壤中细菌的生命活动间接地对金属电化学腐蚀过程产生影响。例如硫酸盐还原菌依赖于硫酸盐还原反应而生存，多数土壤中都含有硫酸盐，如果一旦有硫酸盐还原菌存在，它将产生生物催化作用，使得 SO_4^{2-} 离子氧化被吸附的氢，从而促使析氢腐蚀顺利进行[⑥]。

---

① 买尼瓦尔·米提力甫.金属在土壤中腐蚀的原因.科技信息，2009（15）：166、215.
② 王宁，和积锉，孙淑云，等.模拟青铜器样品在典型电解质溶液中的电化学行为研究.文物保护与考古科学，2007，19（4）：45–49.
③ 王菊琳，许淳淳.青铜在土壤中局部腐蚀过程的化学行为.化工学报，2004，55（7）：1135–1139.
④ 钟家让.出土青铜器的锈蚀因素及其防护研究.山西大学学报，2004，27（1）：44–47.
⑤ 王煊.三星堆青铜器"酥粉锈"腐蚀机理的研究与探讨.四川文物.
⑥ 中国文物研究所编.文物科技研究，第二集.北京：科学出版社，2004：1–8.

5. 瓯海出土青铜器的腐蚀特征

浙江省温州市瓯海区出土青铜器的挖掘地是一座土墩墓，其封土高度仅1米左右，呈直径15米左右的圆形。上层封土厚0.5米，下层封土厚0.54米，沙性土中含有白膏泥之类的黏性土，并且土墩上已经被垦殖[①]。

瓯海出土的青铜器外观平整，从表面看保存状况较好，但如果在移动时稍加磕碰就会破碎，保存状况见下图。一旦贸然放入水等溶液中进行清洗，就可能发生溶解、溶胀等现象，使文物受到很大伤害。长期以来的文物保护研究工作中，多关注氯离子引起的有害锈，并取得了很大的成就，但对这种锈蚀关注较少。这种类型的青铜腐蚀危害较大并有一定隐蔽性，需要展开深入研究[②]。

（a）矢镞

（b）M24剑

出土青铜兵器保存状况

[①] 浙江省文物考古研究所，等. 浙江瓯海杨府山西周土墩墓发掘简报. 文物，2007（11）：25-36.
[②] 马菁毓，梁宏刚，霍海俊. 浙江瓯海西周土墩墓出土青铜器的实验室考古清理. 考古，2009（7）：74-79.

5.1 瓯海出土青铜腐蚀物分析

从 M24 中青铜剑上脱落的、无法复原的碎渣，剔除泥土后，研磨成粉状样品（编号 OZ-B-1），制备金相样品（编号 OZ-B-2），进行断面观察。

在体视显微镜下观察样品（OZ-B-1），如下图，为淡蓝绿色粉末。对该样品进行 X 射线荧光分析和 X 射线衍射分析。

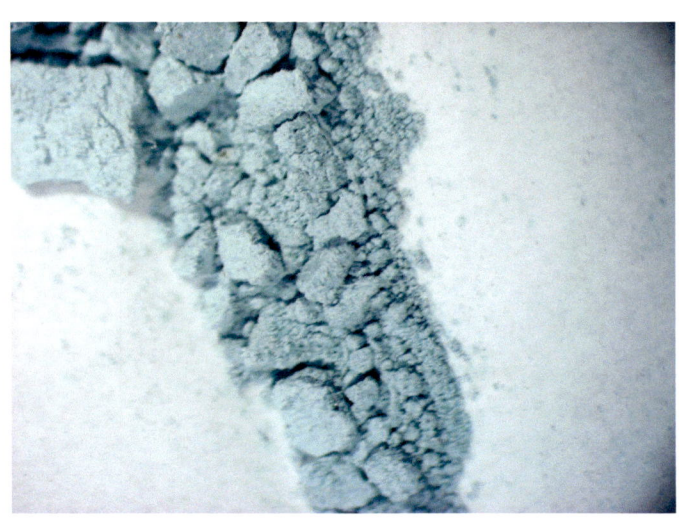

OZ-B-1 体视显微镜下形貌

采用光学显微镜进行金相组织观察（见下图），腐蚀产物呈透明浅蓝色，观察面存在龟裂、孔洞和亮白色物。照片中白色物质的结构与常见青铜铸造组织中的 α、（α+δ）相相似。

 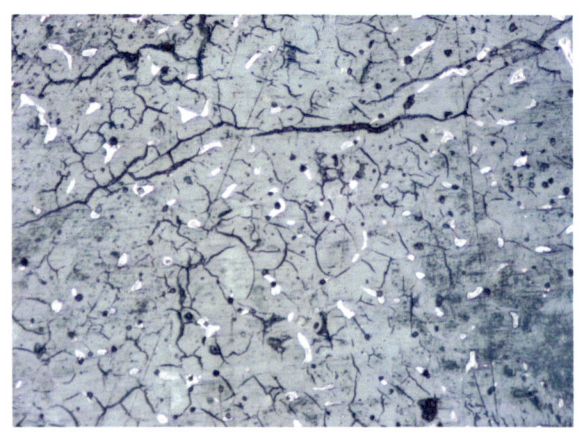

（a）暗场　　　　　　　　　　　　（b）明场

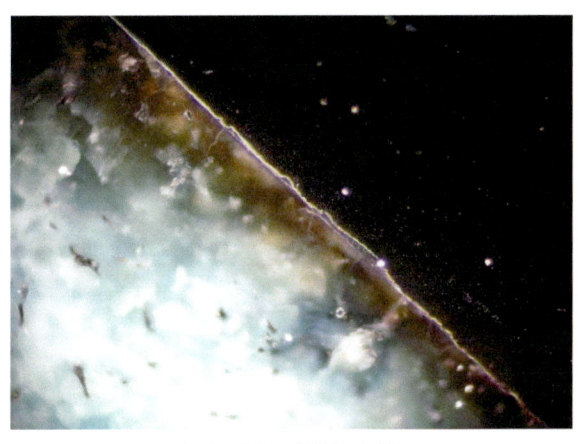
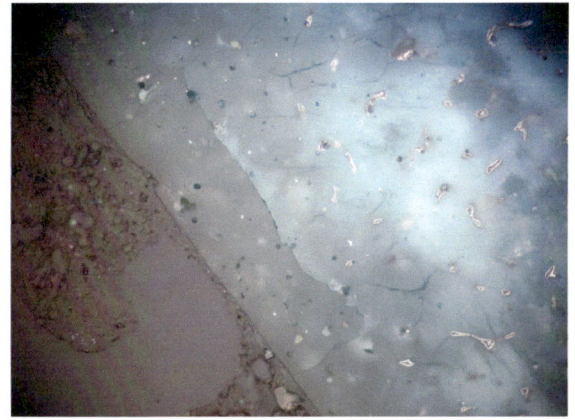

（c）暗场下样品边缘　　　　　　　　（d）明场下样品边缘

OZ-B-2 金相照片

X 射线荧光光谱仪分析结果

成分（wt%）	Sn	Cu	Ca	As	Si	Pb	P	Cu：Sn
OZ-B-1	65.74	24.66	4.23	1.77	1.63	0.93	0.91	0.38

X 射线荧光分析结果（见上表）表明主要元素是 Sn 和 Cu，Sn 含量大于 Cu。

X 射线衍射结果表明腐蚀产物中主要存在 SnO_2、Cu_2O，并有少量氯铜矿，并且以非晶态 SnO_2 为主。

扫描电镜形貌观察及能谱分析结果见下表、下图。

腐蚀产物成分分析

分析位置		成分（%）				
		Cu	Sn	P	Si	Cu：Sn
腐蚀层外部	1	15.78	80.53	1.64	2.04	0.196
完全腐蚀层中的 α+δ 痕迹相	2	15.92	81.55	/	2.52	0.195
未完全腐蚀的 α+δ 相	3	67.02	32.98	/	/	2.03
	4	11.16	88.84	/	/	0.126
	5	66.40	33.60	/	/	1.976
	6	14.07	85.73	/	/	0.164
完全腐蚀的 α "痕迹"	7	49.84	50.16	/	/	0.3
	8	16.83	77.69	/	/	0.217

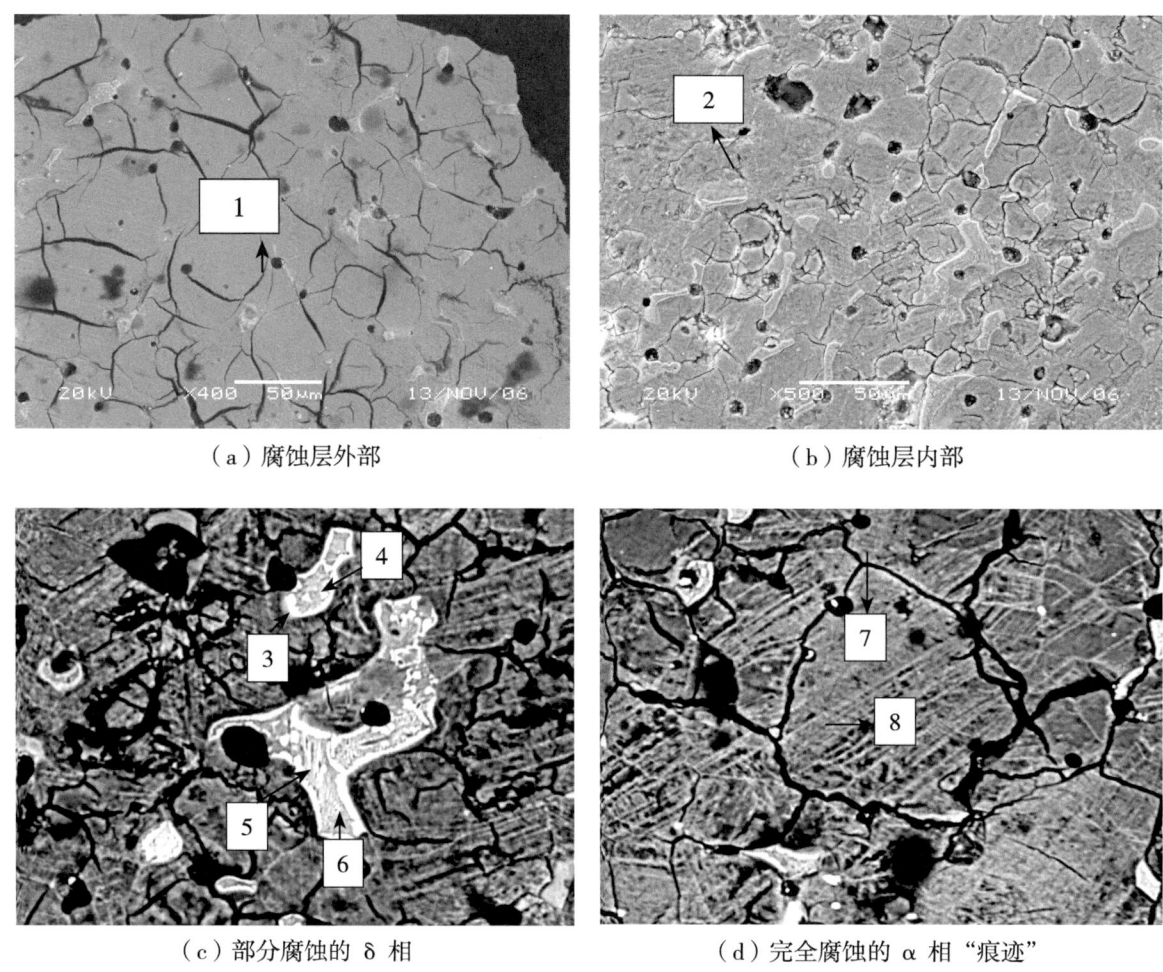

(a) 腐蚀层外部　　(b) 腐蚀层内部

(c) 部分腐蚀的 δ 相　　(d) 完全腐蚀的 α 相"痕迹"

M24 剑（OZ-B-2）SEM 图

上图 a 是样品边缘的组织形态，锡含量高达 80%，而铜含量仅 15% 左右，即 Cu∶Sn 约为 0.2，这与原始青铜配比有很大不同，因为青铜的室温组织主要为 α 相和 δ 相，α 固溶体中锡的最大溶解度理论值为 15.8%，即 Cu∶Sn 为 5.3。而 δ 相，以电子化合物 $Cu_{31}Sn_8$ 为基的固溶体，Cu∶Sn 为 2.7，因此上图 a 由于铜绝大部分腐蚀后铜离子迁移出去而留下锡的腐蚀产物。另外测得的少量 P 和 Si 应该是来自土壤。

上图 b 为样品内部的完全腐蚀区域，α+δ 相"痕迹"清晰可辨，从上表可见，腐蚀产物中 Cu∶Sn 为 0.195，与上图 a 的很接近，表明完全服饰区域的腐蚀物成分比较均匀。

上图 c 是未完全腐蚀的 α+δ 相，其中的 α 相腐蚀严重，腐蚀产物组成 Cu∶Sn 为 0.126 和 0.164，接近完全服饰区域的元素含量，上表中的 3、5 位置 Cu∶Sn 为 2 左右，与 δ 相的 Cu∶Sn 几乎一致，因此 δ 相未被腐蚀，结合金相照片可见越靠近金属芯部，

未腐蚀的 δ 相分布越多。

上图 d 是未完全腐蚀的 α "痕迹"相，Cu∶Sn 高于上图 a 中的 Cu∶Sn。

Robbiola 把表面光滑的腐蚀类型定义成 I 类结构（"even" surface），表面粗糙的定义为 II；类结构（"coarse" surface），并运用了统计方法进行分析研究。I 类结构结构的铜流失情况 Robbiola 用下述公式表示。

$$f_{Cu} = \frac{1 - X_{Cu, P}/X_{sn, P}}{X_{Cu, a}/X_{sn, a}}$$

P 是外层腐蚀物，a 是合金层，$X_{Cu, a} + X_{sn, a} = 1$，计算 f_{Cu} 数值。当 $f_{Cu} = 1$ 时，腐蚀层铜锡的比例与合金中的相同；当 $0 < f_{Cu} < 1$ 时，腐蚀层铜锡的比例小于合金中的比例，说明锡残留的比例较大，铜相对于锡选择性腐蚀并优先迁移出去；当 $f_{Cu} > 1$ 时，腐蚀层铜锡的比例大于合金中的比例，说明铜残留的比例较大，锡相对于铜选择性腐蚀并优先迁移出去。

通过统计证明，铜流失一般在 0.94±0.04，显示铜的流失与 α 相关。

本样品表面光滑，可根据此公式计算如下，当部分腐蚀的（α+δ）相中，锡含量为 33%，铜占 67% 时，可认为此处是基本没有腐蚀的相，以此为基础，计算 f_{Cu} 数值。

$$f_{Cu} = \frac{1 - 11.47/88.59}{67.02/32.98} = 0.937 \text{（计算数值取自上表）}$$

在样品 α 相不存在基本没有腐蚀的相，因此铜流失情况无法计算。这从一个侧面说明在完全腐蚀后或者说达到腐蚀平衡后，有大约 0.06 的铜存在，大部分铜流失，腐蚀产物以锡和锡的氧化物存在。

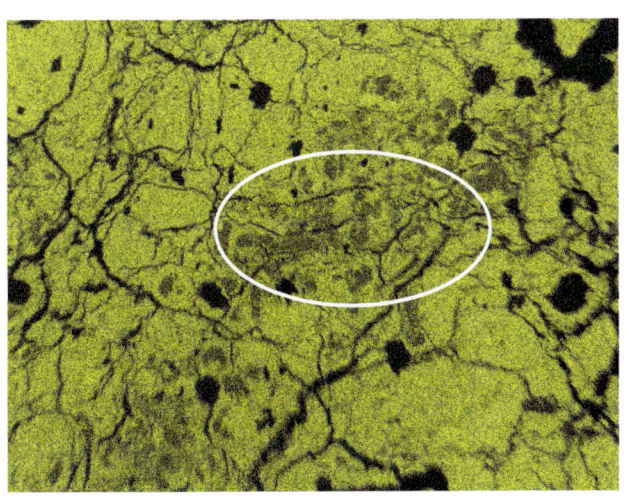

SEM 面扫描元素分布图

上图是 SEM 面扫描元素分布图。中心颜色较深的部分是铜元素分布状况，周围颜色较浅的是锡元素分布状况，可见锡的分布比较均匀，而铜在芯部分布比较集中，也可证明铜已经流失。

5.2 瓯海的腐蚀环境分析

青铜器出土处的土壤 pH 值为 5.06，呈酸性。

在离青铜远近不同的两个点取样，具体位置如下图。利用 XRF 分析土壤成分，结果见下表。

取样位置

XRF 分析结果（wt%）

	Si	Fe	Al	K	Cu	Ti	S	Mn	Pb	Zn
M1：25-5	42.94	21.40	11.78	9.96	4.12	3.01	2.92	2.00	1.81	0.08
M1：25-1	47.19	24.02	11.40	10.63	0.89	3.42	1.75	0.46	0.24	/

分析结果表明，靠近金属的土层（M25-1）中含更多的铜元素，说明铜随腐蚀的进行向土壤扩散。而在腐蚀物中含量较多的锡元素，在土壤中未见。

取 M1：24 剑下的土壤进行离子色谱分析，结果（见下表）表明土壤中 NH_4^+ 和 HCO_3^- 含量高，有 SO_4^{2-} 和 Cl^- 存在。

OZ-T-1 离子色谱分析结果

离子	Na^+	K^+	Mg^{2+}	Ca^{2+}	NH_4^+	F^-	Cl^-	SO_4^{2-}	NO_2^-	HCO_3^-
Mg/L	5.66	8.97	3.70	1.79	9.95	0.14	7.97	7.65	0.07	37.17

6. 青铜土壤腐蚀极化曲线研究

根据金属腐蚀学原理，材料内部组织结构决定材料的性能，青铜的腐蚀本质上决定于自身的合金成分、铸造工艺等内部因素。青铜埋在土壤中，土壤的理化特征如湿度、含氧量、可溶性盐、微生物等，也会影响电极反应过程，同时土壤中的物质会参与青铜腐蚀产物的形成过程。因此，对青铜土壤腐蚀历程的研究，有必要从内部因素和外部因素两个方面综合考虑。本章采用动电位扫描、恒电位极化并结合失重法研究了青铜锡含量、外界温度、土壤介质以及土壤的其他因素对青铜腐蚀的影响，确定了最佳的加速腐蚀实验条件，模拟出了类似瓯海出土青铜的腐蚀现象。由于以溶液作为电解质操作比较简便，所以首先在溶液中进行了实验，然后在土壤中进行，埋藏试验和加速埋藏试验。

6.1 实验用青铜试样的制备

为准确模拟古代青铜的组分，在湖北省鄂州市金属传统铸造基地铸造四种不同成分的青铜试样，设计试样成分（下表）。

四种不同成分青铜各设计含量（wt.%）

样本	Cu	Sn	Pb
1号	90	5	5
2号	85	10	5
3号	80	15	5
4号	75	20	5

铸造完毕后取四种成分青铜试样，用200号、400号、800号水砂纸逐级打磨光亮后，用XRF测试四种青铜的实际成分见下表。

四种不同成分青铜各组分实际含量（wt.%）

样本	Cu	Sn	Pb
1号	88.62	6.61	4.77
2号	85.40	11.94	2.66
3号	79.73	16.08	4.19
4号	72.81	23.01	4.18

比较上面两表，可见实际铸造的青铜成分基本上符合设计值，普遍现象是四组青铜实际锡含量均超过设计值，实际铅含量均小于设计值，这可能由于冷却过程中锡反偏析至青铜表面而铅以游离态存在于青铜中所知。用 XRF 测定每种青铜 3～5 个平行样各成分含量时发现，四种青铜各组分实际含量起伏较大，表明实际铸造出的试样由于偏析和反偏析造成成分不均匀，会带来较大的实验误差，特别是，可能是组分设计含量相近的青铜在实验中腐蚀行为差别不明显，因此实验中将 1 号和 4 号分别作为低锡和高锡含量青铜的代表重点研究，以降低青铜成分不均匀对实验的影响。

6.2 动电位扫描实验

各取 1 号至 4 号青铜试样若干个，制成标准电极试样，以土壤介质溶液为电解质进行动电位扫描实验。

实验采用三电极体系，青铜试样为工作电极，饱和甘汞电极为参比电极，饱和氯化钾溶液为盐桥，铂电极为辅助电极，分别以 A、B、C 三种溶液为电解质，加入的溶液体积为 200 毫升，在 15℃、30℃、50℃下进行动电位扫描实验，扫描范围为 −0.3 伏至 3 伏（相对开路电位），扫描速率为 1.67 毫伏 / 秒。

由于温度升高有利于电极反应的发生，青铜的腐蚀速率会增加，同时考虑到温度的升高有利于土壤中离子的迁移。因此将在土壤中的动电位扫描实验的温度定在 50℃。

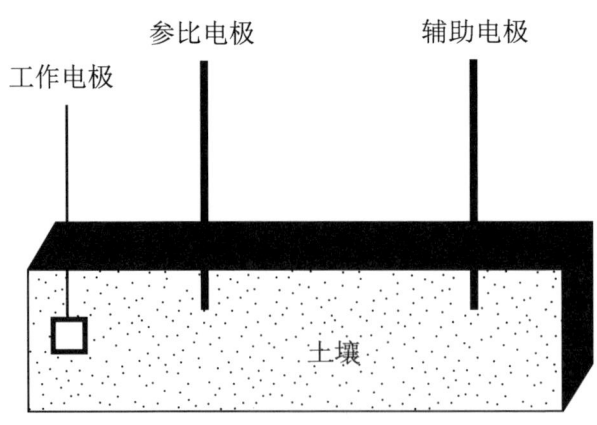

在土壤中动电位扫描体系示意图

在探讨锡含量与青铜腐蚀速率的关系中，不仅用动电位扫描数据拟合得出瞬间腐蚀速率，还采用恒电位极化并结合失重法得出平均腐蚀速率，两者互为补充和佐证。

6.2.1 温度对青铜腐蚀速率的影响

1号和4号青铜试样在不同温度下，A、B、C三种介质溶液中的动电位扫描曲线如下图所示。

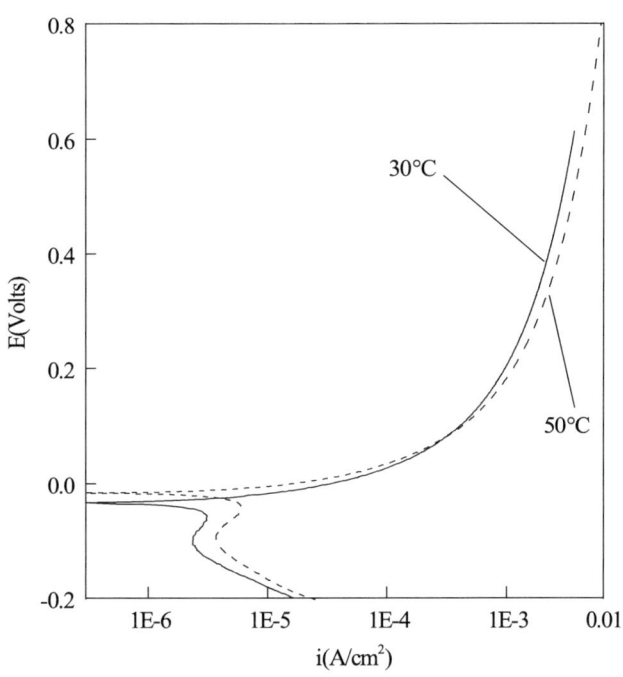

1号青铜在A介质中不同温度时的动电位扫描曲线

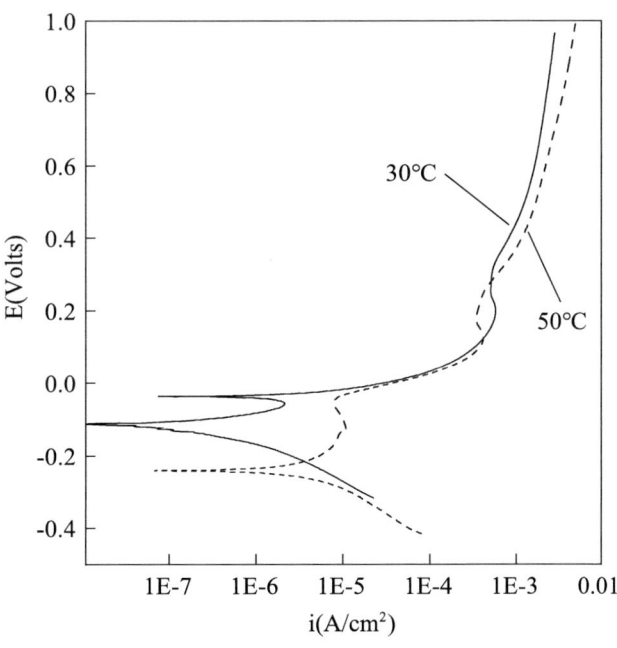

4号青铜在A介质中不同温度时的动电位扫描曲线

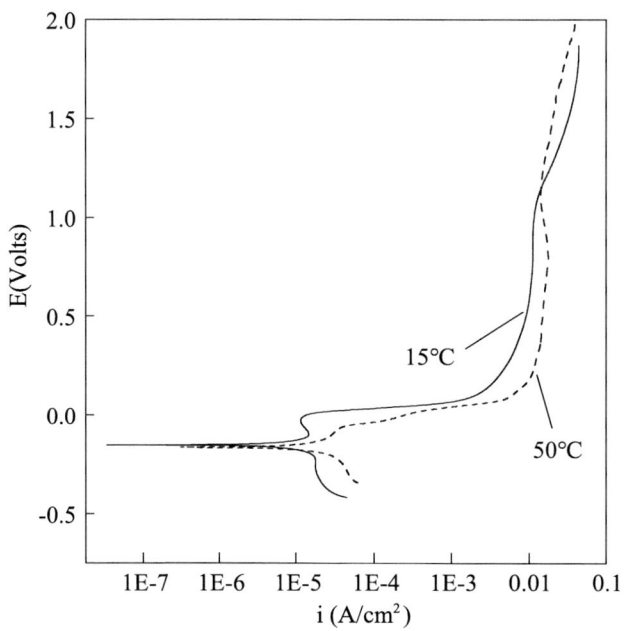

1号青铜在B介质中不同温度时的动电位扫描曲线

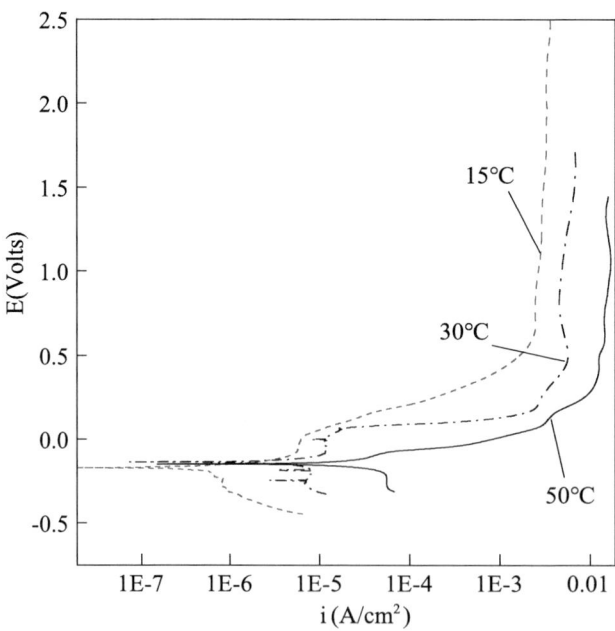

4号青铜在B介质中不同温度时的动电位扫描曲线

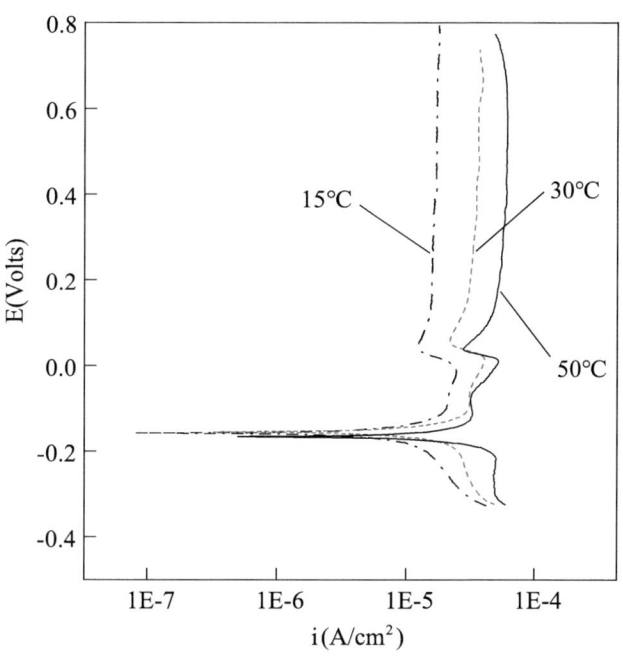

1号青铜在C介质中不同温度时的动电位扫描曲线

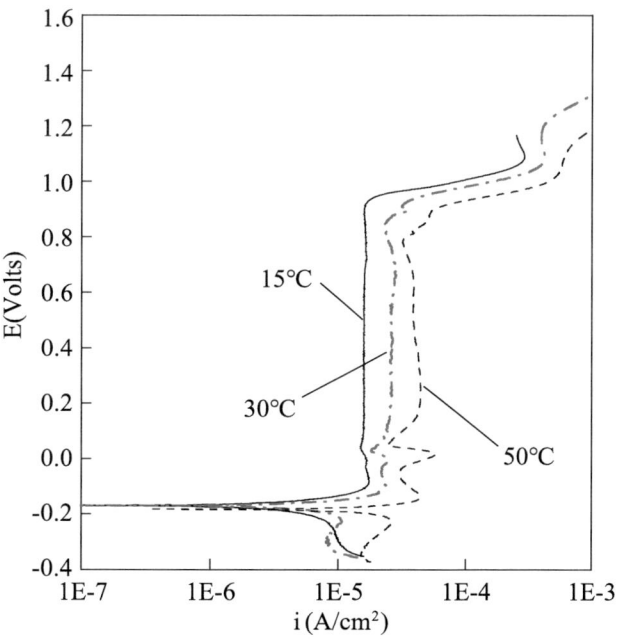

4号青铜在C介质中不同温度时的动电位扫描曲线

从上图可见，不论是低锡青铜（1号）还是高锡青铜（4号），在三种介质溶液中，同一电位下的腐蚀速率均随着温度的升高而升高，但由于极化曲线上每个电位都对应一个腐蚀速率，因此有很多个腐蚀速率，这代表着电极在不同极化状态下的腐蚀速率，为了更准确地描述腐蚀速率随温度的变化规律，将计算机采集的数据利用 Cview2 软件进行拟合，用 Tafel 传统方法拟合出塔菲尔区腐蚀速率，拟合范围为 -50 毫伏至 +50 毫伏（相对开路电位），在此范围内，青铜电极受到极化的影响小，拟合出的腐蚀速率可代表自腐蚀速率，拟合结果见下表。由于在 A 介质中、30℃、50℃时的极化曲线有时有两个自腐蚀单位、阴极活化峰，因此计算机软件不拟合，所以没有列出 A 介质中温度对腐蚀速率的影响。把表中数据作折线图（见下图），在 B 介质和 C 介质溶液中其他条件不变的情况下，随着温度的升高，青铜的腐蚀速率增加。

四种青铜不同温度时腐蚀速率（B 介质）（mm/a）

	15℃	30℃	50℃	50℃（soil）
1号	0.33591	0.67348	0.48769	0.068987
2号	0.1657	0.46844	0.85946	0.048021
3号	0.086282	0.192148	0.60925	0.077644
4号	0.010348	0.1611	0.68595	0.017311

四种青铜不同温度时腐蚀速率（C 介质）（mm/a）

	15℃	30℃	50℃	50℃（soil）
1号	0.30538	0.70251	0.55968	0.09181
2号	0.143	0.6773	1.6445	0.070625
3号	0.17932	0.54406	1.1528	0.077175
4号	0.12305	0.20382	0.86069	0.011064

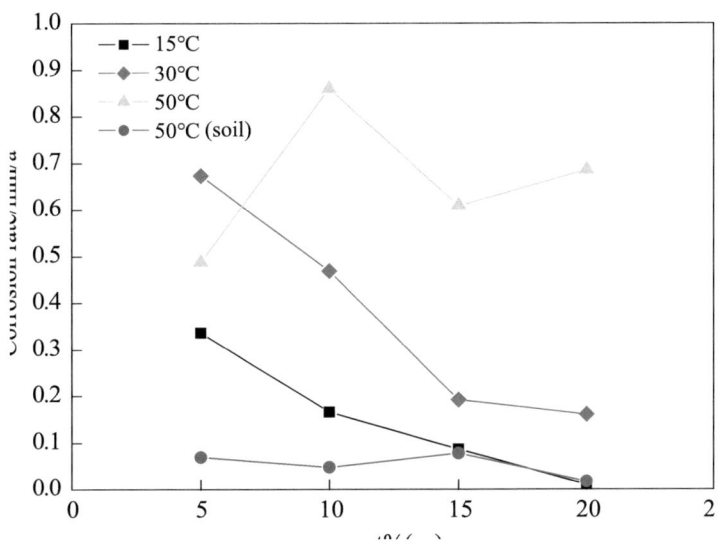

四种青铜不同温度时腐蚀速率比较（B 介质）

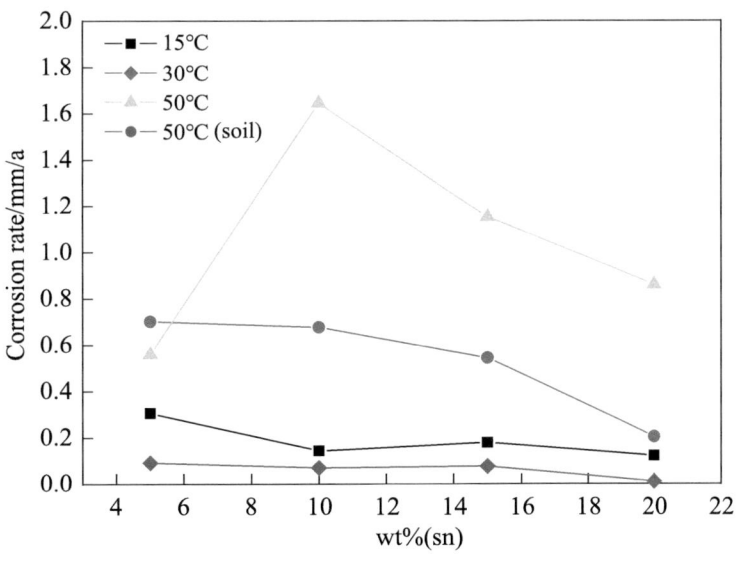

四种青铜不同温度时腐蚀速率比较（C 介质）

6.2.2 锡含量对青铜腐蚀速率的影响

从上图可以看出，通过比较在 15℃和 30℃是，B 介质和 C 介质溶液中得到的 Tafel 区腐蚀速率可见，随着锡含量的升高，青铜的腐蚀速率下降。虽然在 50℃时，1 号青铜 Tafel 区腐蚀速率比 2 号、3 号、4 号的低，然而这只是在强极化区的某个短区段及弱极化区（相对于开路电位 ±10 毫伏）表现出这种现象，在阴极区和其他强极化区（见下图），1 号青铜在同一电位下的腐蚀速率均比 4 号腐蚀速率大，这与 15℃和 30℃时表现出的规律一致。

30℃时 A 介质中恒电位极化青铜试样的腐蚀速率

编号	失重（g）	V^{-1}（$g/m^2·h$）	V_1（mm/a）
1号	0.0193	66.04	65.74
2号	0.0333	115.19	114.67
3号	0.0283	100.26	99.81
4号	0.0037	12.54	12.49

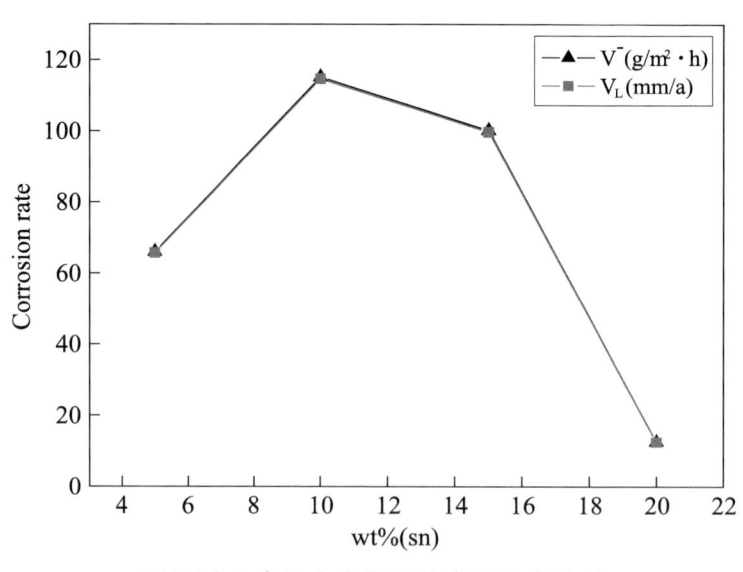

30℃时 A 介质中青铜平均腐蚀速率比较

由与从极化曲线拟合出的腐蚀速率是电极在某个电位下的瞬间腐蚀速率，与青铜在埋藏过程中表现出来的平均腐蚀程度是不一样的，因此对青铜电极在 A 介质汇总进行了恒电位极化－失重实验。上表是采用失重法得出的1号至4号青铜试样的腐蚀速率。从上表和上图可见，30℃时，在含有腐殖酸的溶液中，随着含锡量的增加青铜试样的平均腐蚀速率先升后降，1号青铜的平均腐蚀速率比4号青铜的大，这与在A、B介质中1号青铜的瞬时腐蚀速率比4号大的规律一致。而2号的平均腐蚀速率最大（2号的含锡量是11.94%），这与有关研究中的结论相吻合，即10%左右锡含量的青铜具有典型的晶间结构，最容易发生腐蚀。

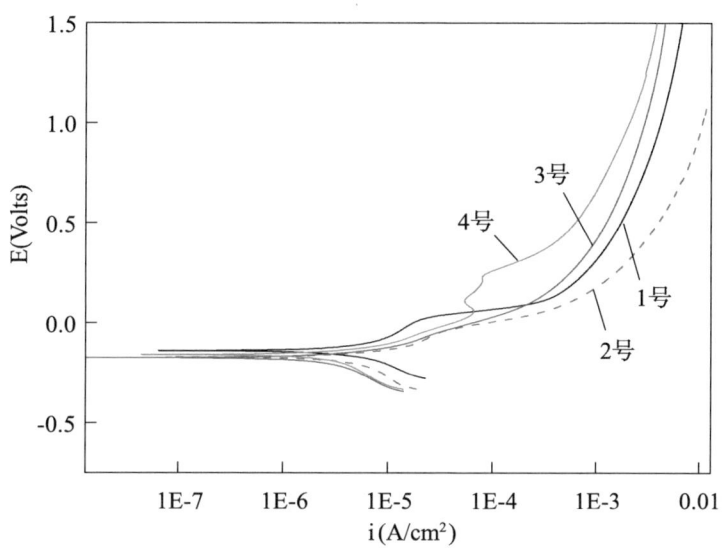

不同成分青铜50℃时在A介质中的动电位扫描曲线比较

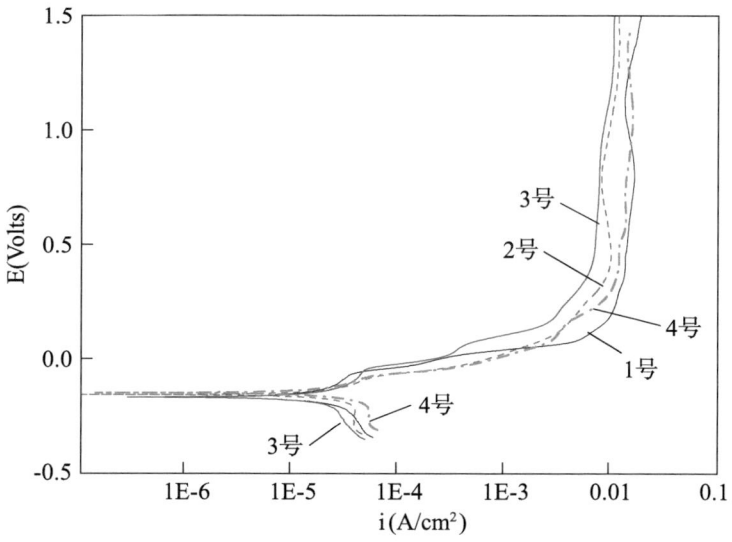

不同成分青铜50℃时在B介质中动电位扫描曲线比较

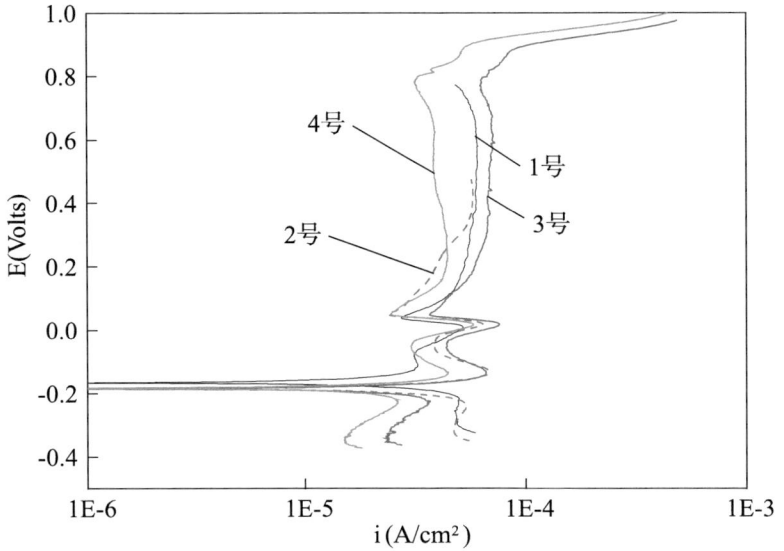

不同成分青铜50℃时在C介质中动电位扫描曲线比较

6.2.3 介质对青铜腐蚀速率的影响

分别在A（酸性介质）、B（盐介质）、C（碱性介质）溶液中进行动电位扫描，结果如下。

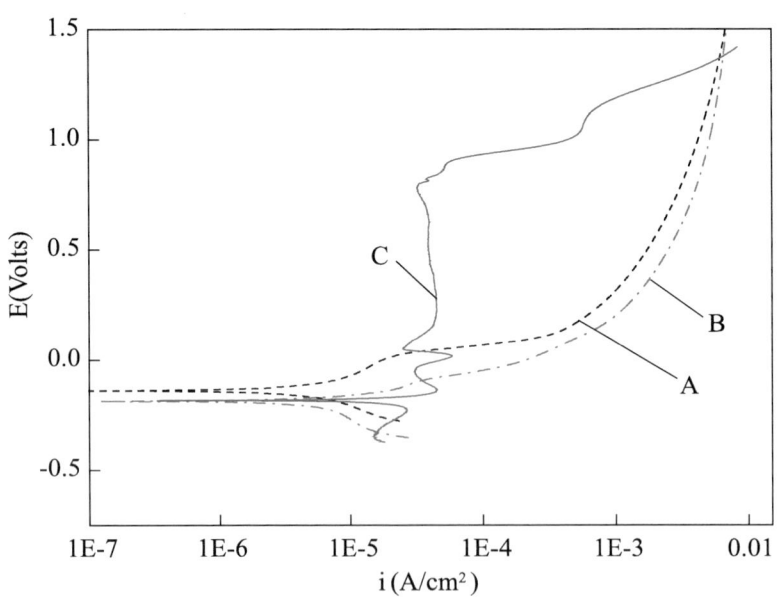

50℃ 1号青铜分别在A、B、C介质溶液中的极化曲线

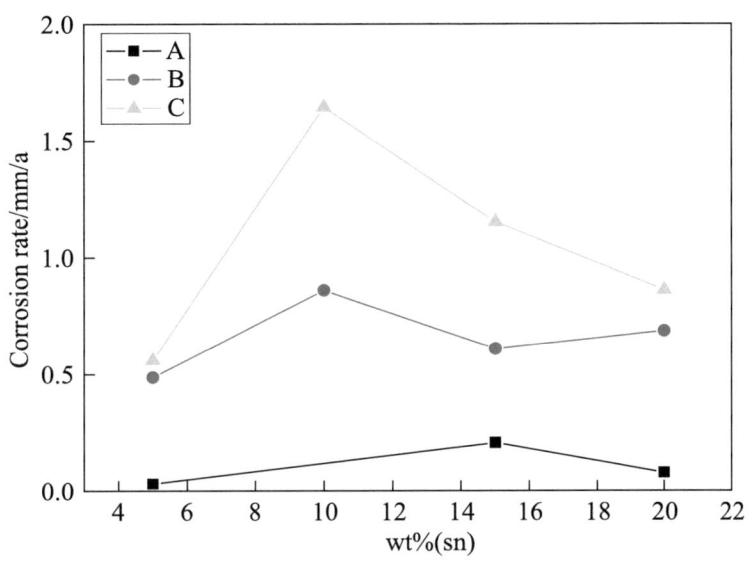

50℃ 4号青铜分别在 A、B、C 介质溶液中的极化曲线

如上图所示，含锡量低的青铜（1号）和含锡量高的青铜（4号），在阴极极化区、阳极弱极化区、阳极 Tafel 区同一电位下，在碱性介质（C）中的瞬间腐蚀速率最大，而在盐介质（B）中其次，酸性介质（A）中最小。在宽泛的其他电位的强极化区及钝化区，青铜在盐介质中的瞬时腐蚀速率最大，其次是酸性介质中，碱性介质最小，而且在碱性介质中明显的钝化区，致钝电位为 0.033 伏，很容易钝化。所以青铜在碱性介质中的常态应该是处于钝化状态，而在酸和盐溶液中阳极都处于活化溶解状态。

7. 土壤埋藏实验

土壤埋藏实验是研究金属土壤腐蚀的一类研究方法，土壤中埋藏金属的方法在一定程度上能够模拟土壤的真实环境，使实验得到的结果与真实自然环境的腐蚀过程相吻合。但是，如果仅仅将金属试件埋藏在自然土壤中，不仅腐蚀速度慢，实验周期长，而且土壤成分复杂，条件很难控制。所以，在本次青铜土壤埋藏实验中，通过洗出其所含离子，并有目的地加入其他腐蚀强化介质，一方面既保留了土壤的颗粒环境，在这种环境下部分元素、离子容易沉积；另一方面，加入已知的腐蚀强化介质既能增加青铜腐蚀速率，缩短实验周期，又能使实验条件可控。具体所用土壤处理方法在第一章进行了详细叙述，这一章主要介绍青铜土壤埋藏实验及其初步结果。

7.1 实验用土壤的准备

（1）取土

从北京安贞桥附近某电缆埋藏施工处取地下约 10 米处的土壤，土壤块状，呈土黄色，土壤含有的腐殖质应该很少。

（2）洗土

由于土壤成分复杂，为了使实验条件可控，采用洗土的方法，将土壤中各种可溶性物质洗去，再添加已知成分、浓度的模拟土壤介质。具体操作方法是先将土块在水中粉碎，充分搅拌，静置一段时间后，土在水中分成三层；将上层清水抽出，再加入一定量的自来水，充分搅拌后静置，如此，用自来水清洗两遍，去离子水清洗两遍。

（3）晾土

将静置沉淀后的土壤转移到聚乙烯塑料膜上摊开，放在室内晾干，直到土壤中大部分水挥发。

（4）过筛

将晾干后的土壤用清洁的小铁锹拍碎，再用 17 目不锈钢网过滤，取筛下的细土（颗粒度 <10μm）作为实验用土壤。

（5）烘干并测定土壤含水率

依据 GB-7833-87 测定晾干后的土壤含水率。取少量处理过的土壤，准确称量其质量 $m_\pm$=10.0784 克，称量表面皿和土壤的总质量 m_1=40.1515 克。将表面皿和土样放入恒温干燥箱中 105℃下烘 121 小时，称量烘干后的总质量，再次放入干燥箱中烘，半小时后再称总质量，直至质量不再变化，记为 m_2，此时可认为土壤中游离水已经全部挥发，以湿度（质量百分比）表示土壤的含水率，计算公式及结果如下：

$$湿度（wt.\%）\frac{m_1-m_2}{m_\pm}=\frac{40.1515-40.0576}{10.0784}=0.93\%$$

（6）配置土壤腐蚀介质

用容量瓶配制 A（腐殖酸浸出液）、B（模拟土壤溶液）、C（碱性溶液）三种腐蚀强化介质各 2 升，其所含物质浓度或质量如下：

介质 A：20 克腐殖酸配制而成。

配制方法：称取 20 克腐殖酸于 250 毫升烧杯中，加 200 毫升去离子水溶解，充分搅拌后，静置，待其中灰分完全沉淀后将上层液体转移到容量瓶中，用去离子水洗涤烧杯，重复上述步骤三遍，最后定容至 2 升。

介质 B：0.0104mol/L Na_2SO_4+0.0282 mol/L NaCl+0.0164 mol/L $NaHCO_3$

介质 C：0.1 mol/L $NaHCO_3$+0.01 mol/L Na_2CO_3

（7）制作腐蚀性土壤

参考湿度对 X70 钢腐蚀速率影响的规律，配制腐蚀性土壤的湿度为 30%。相对于此湿度，洗过并干燥后的土壤资深湿度（约 1%）可忽略不计。以制作含有 B 介质的腐蚀性土壤为例介绍制作过程。

第一步，称取细土 6000 克，再量取 1800 毫升 B 介质到塑料喷壶中。

第二步，在地上铺聚乙烯塑料膜，从所称取的细土中取部分均匀撒在塑料膜上，然后用喷壶将 B 介质均匀洒在土壤上，至土壤自行完全吸收溶液后再撒一层土壤，如此重复直到所称取的土壤和水全部用完。

第三步，用塑料膜将土壤封护 24 小时后待用。

采用上述同样步骤配制 A 和 C 的腐蚀性土壤。

取 1 号和 4 号青铜试样若干，将封好的试样用双面胶粘贴在长方体玻璃槽一端，基本保证青铜试样中心距槽底 2 厘米，距槽的侧面各 2.5 厘米。再将三种已配置好的土壤放入长方体槽中，每个槽中土壤 900 克，随后用保鲜膜封住槽和土壤，编号后静止放置，每隔七天揭开保鲜膜一次，敞口放置约 30 分钟，让空气进入。埋藏的青铜试样编号、土壤中所含的腐蚀强化介质及埋藏天数见下表。

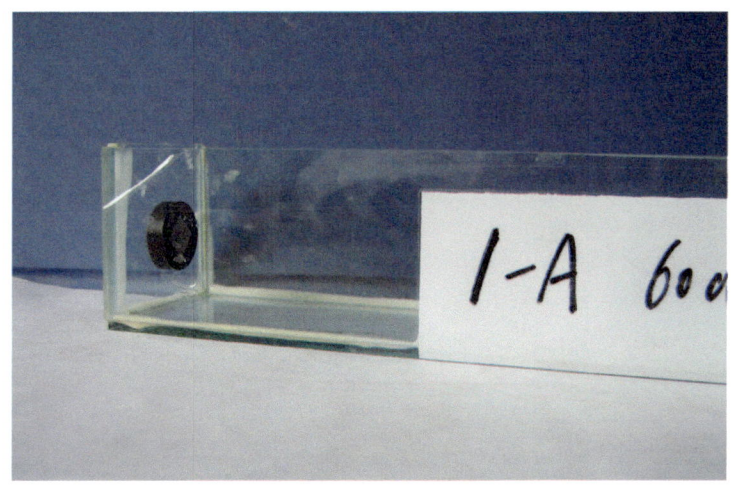

试样在槽中的位置

青铜试样土壤腐蚀埋藏图

青铜试样埋藏时间

试样编号	土壤中所含腐蚀强化介质	埋藏时间（天）			
1号	A	40	80	120	360
	B	40	80	120	360
	C	40	80	120	360
4号	A	40	80	120	360
	B	40	80	120	360
	C	40	80	120	360

7.2 氯离子浓度测定

用电化学滴定法测出1号和4号青铜在含有B介质的土壤中分别埋藏40、80和120天后，距青铜表面不同距离处土壤中氯离子浓度，氯离子浓度随距离和时间变化的曲线见下图。

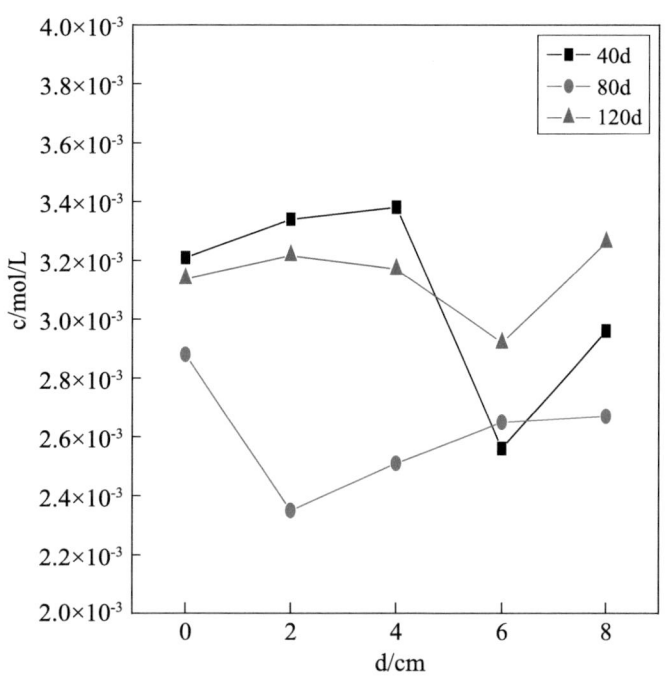

1号青铜在含 B 介质土壤中埋藏后不同距离处氯离子浓度

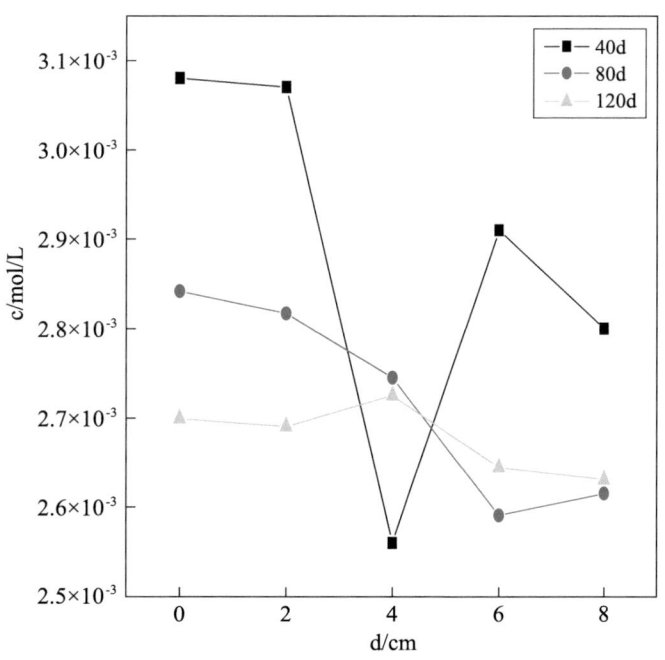

4号青铜在含 B 介质土壤中埋藏后不同距离处氯离子浓度

从上图可见，在含有 0.0104mol/L Na_2SO_4+0.0282 mol/L NaCl+0.0164 mol/L $NaHCO_3$ 的 B 介质土壤中，分别埋藏 40、80、120 天的 1 号和 4 号青铜试样，距离试样近（0 厘米和 2 厘米）的土壤中所含的氯离子浓度大于距试样远（6 厘米和 8 厘米）的土壤，氯离子有往试样表面富集的趋势，但富集的速度缓慢。

同时，取出埋藏在含有该介质土壤中 120 天后的 1 号和 4 号青铜试样（见下图），1 号试样表面有红色的氧化亚铜层，上面有少量绿色铜锈，4 号试样也有少量腐蚀产物，两者腐蚀程度均较浅。如果想得到进一步的结果，需要对埋藏更长时间的青铜试样进行研究。

在含 B 介质土壤中埋藏 120 天的 1 号青铜

在含 B 介质土壤中埋藏 120 天的 4 号青铜

7.3 土壤中合金元素的含量

分别对埋藏在含有 A、B、C 三种介质的土壤中的 1 号和 4 号青铜，在 40、80、120 天多次试样不同距离处土壤元素进行检测，结果表明，埋藏 40 天的 1 号青铜，在土壤中均为检测到 Cu、Su、Pb 三种元素。埋藏 80 天时，只在含有 B 介质的土壤中检测到 Cu 元素，且已扩散到距离试样 4 厘米处。当埋藏 120 天时含有 A 介质的土壤中检测到 Cu 元素，且已扩散到距离试样 2 厘米处（见下表）。但在含有碱性介质（C）的土壤中埋藏 120 天时的 1 号和 4 号青铜试样，其周围仍没有检测到 Cu 元素。这一结果说明在实验研究的埋藏天数内，青铜在酸性介质（A）和盐介质（B）中腐蚀较快。腐蚀产物生成后，只有 Cu 元素向周围土壤迁移。青铜在碱性介质（C）中腐蚀速度较前两者慢，可能是由于青铜在 A、B 介质中处于活化溶解状态而在 C 介质中处于钝化状态造成的，而盐介质中含有较高的氯离子和硫酸根离子因而使得介质腐蚀性较强。

各试样埋藏不同天数后土壤中 Cu 元素测试结果

编号	土壤介质	埋藏天数	Cu 元素扩散最远距离（厘米）	最远距离 Cu 元素含量（wt.%）
1 号	A	120	2	1.224
4 号	A	120	2	0.928
1 号	B	80	4	0.092
4 号	B	120	4	0.992
1 号	C	120	无	无
4 号	C	120	无	无

7.4 金相显微组织研究

通过金相显微镜观察腐蚀前后金相组织变化，采用扫描电镜并结合能谱进行微区成分分析对实验中青铜组织结构中哪一相优先腐蚀的问题进行了研究。

由于埋藏 120 天内青铜试样腐蚀不严重，继续埋藏到 180 天取出试样进行金相观察。从金相照片（下图）中可见低锡（约 5%）青铜 1 号组织中主要是 α 固溶体，并且存在偏析。高锡（约 20%）青铜 4 号主要由 α 固溶体和 $\alpha+\delta$ 共析体组成，两种青铜均含游离的 Pb 颗粒并且存在大量缩孔。由于 5% 左右锡含量的青铜所含 δ 相较少或不含该相，所以重点研究 δ 相较多的 4 号青铜腐蚀情况。

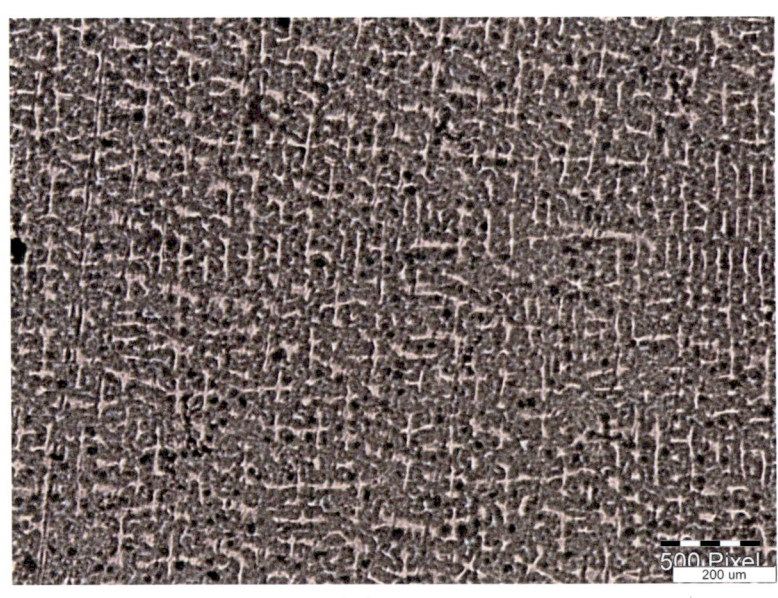

（a）100×

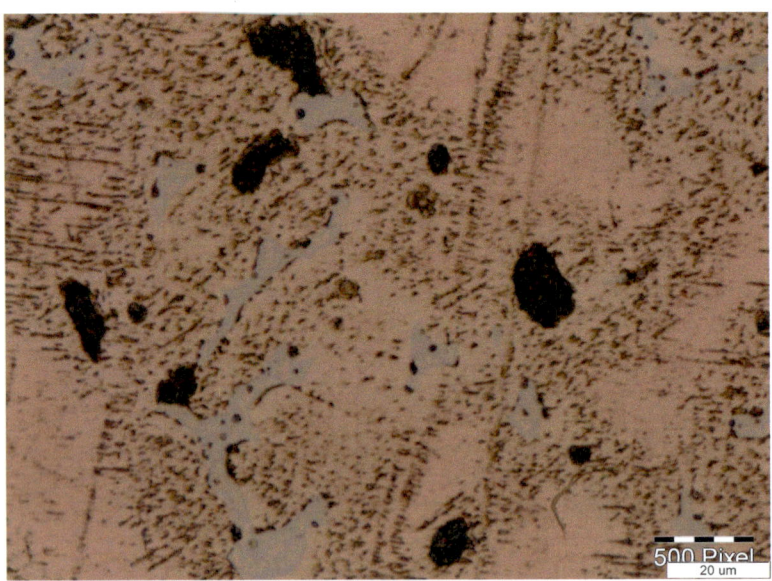

（b）1000×

1号青铜未埋藏前的金相组织结构

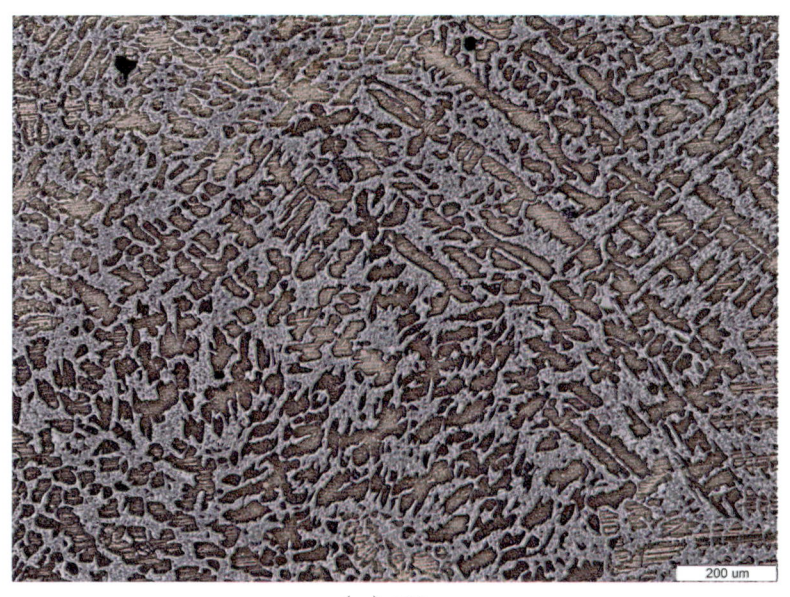

(a) 100×

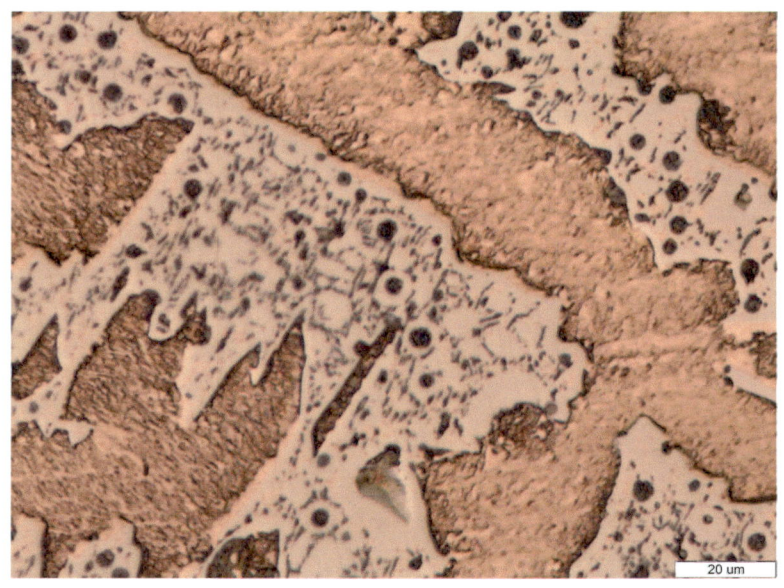

(b) 1000×

4号青铜未埋藏前的金相组织结构

下图分别为高锡青铜在含有 B 介质土壤和含有 A 介质土壤中腐蚀后表面的金相显微结构。在低倍下可以看出，在轻微腐蚀区域，主要是沿着 α 相与 α+δ 共析体界面开始腐蚀，随后扩展到整个 α 相，因此青铜组织中的 α 相优先腐蚀。高倍下观察到的腐蚀较严重区域，除了存在共析体包围的 α 相腐蚀后的黑色区域，该区域同时显示出了在 α+δ 共析体中各相腐蚀状况，在紧挨完全腐蚀区部分，发现与 δ 相同时析出的那部分 α 相也优先腐蚀，即从图中看到的黑色细层状结构。这些结构在含腐殖酸介质中显示更为清楚，下图含有 A 介质土壤中腐蚀后表面的金相显微结构是 α+δ 共析体组织的放大图，在未完全腐蚀区中那部分亮色网状剩余区域即为发生腐蚀的 α+δ 共析体中的 α 相，为了进一步证实该结论，进行了 SEM-EDS 分析。

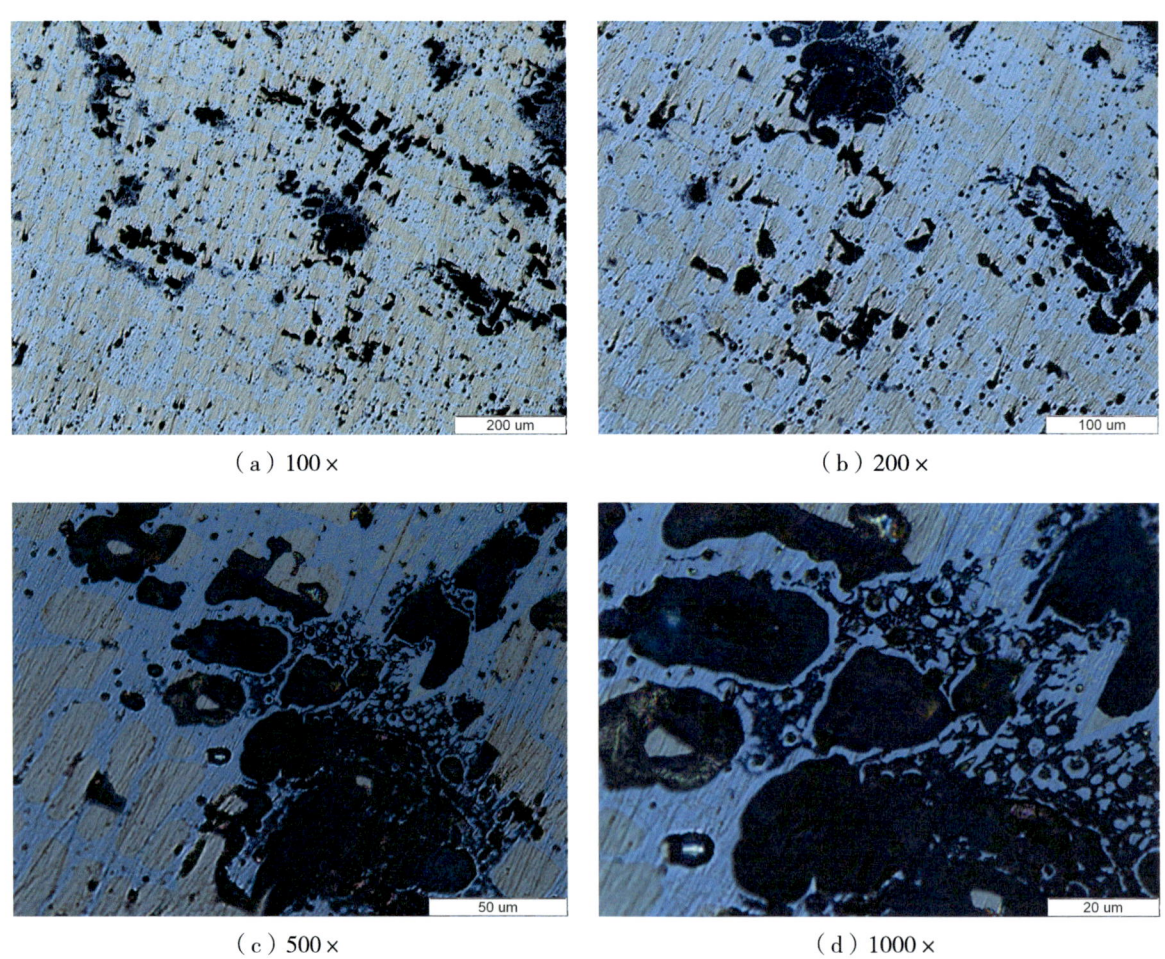

(a) 100×   (b) 200×

(c) 500×   (d) 1000×

4号青铜在含有 B 介质土壤中埋藏后表面金相结构

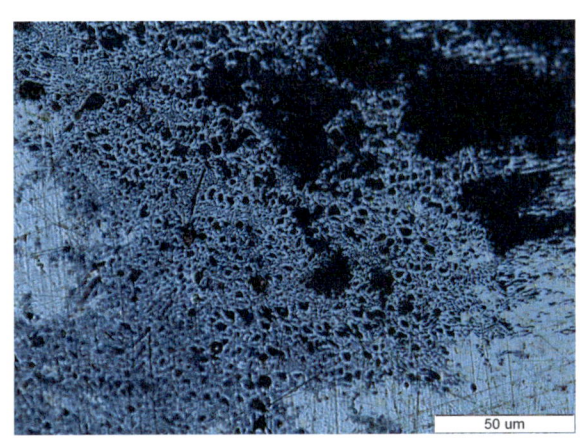
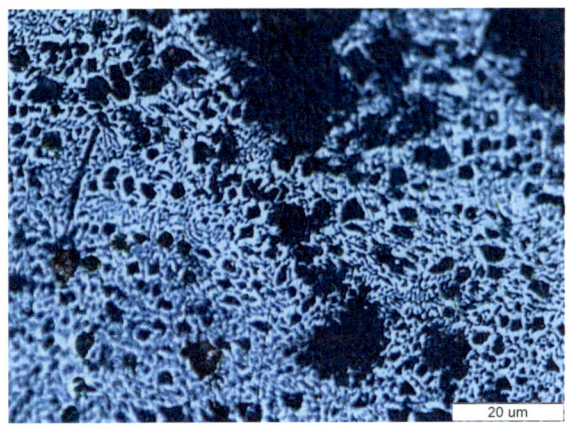

(a) 500×　　　　　　　　　　　　　　(b) 1000×

4号青铜在含有A介质土壤中埋藏后表面金相结构

7.5 微区成分分析

采用SEM-EDS对土壤中腐蚀后表面典型区域成分进行检测，结果见下表。在腐蚀的灰色区域2和黑色区域3中Sn、Pb含量很高，Cu含量很少，均大大偏离了铸造成分，可能是腐蚀后较多的Cu迁移出去，而残留了Sn、Pb的腐蚀产物。未腐蚀的亮色区域1中Cu和Sn原子比例约31∶9.5，而δ相中理论Cu、Sn原子比约31∶8，两者非常接近，可以断定该部分区域为共析体的δ相区，是腐蚀后剩余区域。

各微区能谱分析结果

Zone	1	2	3
Elements	wt%	wt%	wt%
Sn	36.49	50.10	40.85
Cu	63.51	22.74	18.49
Pb	0	27.16	40.16

结合腐蚀前后青铜金相组织的变化，得出高锡青铜（4号）在含有盐介质土壤中和含有腐殖酸浸出液土壤中埋藏180天，腐蚀是从α相与α+δ共析体相界面优先腐蚀，并且初生的α相比α+δ共析体中的α相更易腐蚀，最难腐蚀的δ相。

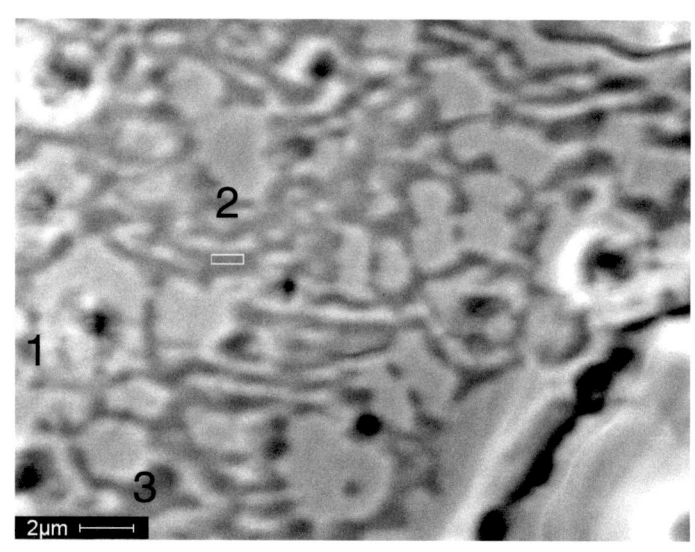

4号青铜在含有盐介质土壤中腐蚀后表面 SEM 形貌

以上研究表明，低锡青铜和高锡青铜在含有 B 介质的土壤埋藏中氯离子有向试样表面迁移、富集的趋势，但速度较慢。在实验所研究的埋藏天数（120 天）内，青铜在酸性介质（A）和盐介质（B）中腐蚀较快，腐蚀产物生成后，只有 Cu 元素向周围土壤中迁移，青铜在碱性介质（C）中腐蚀速度较前两者慢。高锡青铜（4 号）在含有盐介质土壤中和含有腐殖酸浸出液土壤中埋藏 180 天，腐蚀是从 α 相与 α+δ 共析体相界面优先腐蚀，并且初生的 α 相比 α+δ 共析体中的 α 相更易腐蚀，最难腐蚀的是 δ 相。腐蚀后较多的 Cu 迁移出去，残留了 Sn、Pb 腐蚀产物，所以埋藏 120 天内的土壤中检测到 Cu 元素而为检测到 Sn、Pb 元素。

8. 电化学加速下的土壤埋藏腐蚀研究

虽然土壤埋藏实验在一定程度上能较为真实地反映青铜文物最初期在土壤中的腐蚀情况，但实验结果表明青铜腐蚀速度仍较慢，而且生成的腐蚀产物较少，无法进行 XED 成分分析。因此采用电化学极化手段加速青铜试样在土壤中的腐蚀，一方面保留土壤复杂的系统环境，另一方面可快速得出高矿化度青铜的腐蚀历程。实验利用恒电流极化法加速青铜试样的腐蚀，用 X 射线衍射（XRD）、傅立叶－红外光谱（FT-IR）、XRF 等对青铜腐蚀产物成分进行研究，重点研究了青铜试样在含腐殖酸的土壤中的腐蚀行为。

青铜试样 1 号和 4 号，处理方法同前。以 15 厘米 ×5 厘米 ×5 厘米的长方形玻璃槽为容器，分别称取已配置好的含有介质 A 的土壤 500 克放入槽中。采用 CS300 电化学测试系统提供恒电流，青铜试样为工作电极，放入槽的一端中间位置；铂电极为辅助电极放在槽的另一端中间位置，将两个槽中的电极串联，采用恒电流模式极化青铜试样，电流密度为 3 毫安 / 平方厘米（根据极化曲线得到），温度为 50℃，极化 7 天。

8.1 腐蚀后实验结果表面形貌

下图为刚从含有腐殖酸介质的土壤中取出的经过极化的 1 号和 4 号青铜试样表面照片，可见不论低锡青铜（1 号）还是高锡青铜（4 号）腐蚀均比较严重，青铜表面上有大量腐蚀产物。

1 号试样极化 7 天后刚取出时表面形貌

4 号试样极化 7 天后刚取出时表面形貌

极化的1号青铜，刚从土壤取出时，表面有红色腐蚀产物，疑为Cu_2O，表面还有一层黄绿色物质，疑为$CuCl$。在空气中放置1小时后，红色及黄绿色腐蚀产物产生。逐层刮取锈层发现，从表面到内部按颜色变化大致可分为：表面绿色锈，中间灰绿色锈。

4号青铜的腐蚀产物也存在分层现象（下图），最外层为绿色锈，由外往里黑色逐渐明显，而且越来越硬。最内层锈为灰黑色，硬度最高。

4号试样铜锈按颜色分层现象

通过刮取和比较1号和4号试样紧挨青铜基体的腐蚀产物（下图）可以看出，1号青铜上的锈与基体结合较弱，很容易全部刮掉，但4号青铜上的锈与基体结合得很强，最后仍有一层黑色物质附着在上面，很难在不损坏青铜基体的情况下刮掉。

1号和4号试样紧贴青铜基体的表面形貌

8.2 各主要组成元素迁移的研究

用 XRF 测得 1 号和 4 号青铜在含腐殖酸的土壤中极化 7 天后各层腐蚀产物及青铜试样周围土壤中各元素的相对含量见下表。

1 号青铜在含腐殖酸土壤中极化后元素检测结果

元素含量(wt.%)	基体	内层锈	外层锈	距锈层0厘米土壤	距锈层2厘米土壤	距锈层4厘米土壤
Cu	88.62	17.20	31.26	16.05	7.87	0.395
Sn	6.61	45.24	36.77	2.53	/	/
Pb	4.77	36.42	29.22	/	/	/
Si	/	0.78	1.43	41.68	46.87	30.58
Fe	/	0.36	/	12.33	13.75	27.35
S	/	/	/	2.61	2.61	4.72
Ca	/	/	1.33	5.20	/	16.29
K	/	/	/	9.48	10.48	12.94
Al	/	/	/	7.07	7.96	3.47
其他元素	/	/	/	3.05	0.79	4.25

4 号青铜在含腐殖酸土壤中极化后元素检测结果

元素含量(wt.%)	基体	内层锈	外层锈	距锈层0厘米土壤	距锈层2厘米土壤	距锈层4厘米土壤
Cu	73.43	21.96	23.51	18.26	/	/
Sn	22.67	60.94	58.75	/	/	/
Pb	3.9	14.41	13.12	/	/	/
Si	/	1.19	1.18	31.54	32.73	45.72
Fe	/	0.99	/	20.76	27.34	17.35
S	/	/	/	3.94	4.12	2.32
Ca	/	/	3.05	9.94	18.20	12.38
K	/	/	/	11.49	13.23	10.94
Al	/	/	/	3.39	3.81	7.47
其他元素	/	0.51	0.40	0.78	0.56	3.2

从上表可见，腐蚀产物中主要含有 Cu、Sn、Pb 三种元素，另外还含少量 Si、Fe 等元素。通过比较发现，相对于青铜基体中 Cu、Sn、Pb 三种元素，1 号和 4 号青铜腐蚀产物中 Cu 的含量均大大降低，Sn 和 Pb 的含量明显升高，这可能是由于 Cu 元素已有部分扩散到土壤中的缘故，因为在距离腐蚀层表面最远 4 厘米处检测到了 Cu 元素的存在，只在 1 号试样腐蚀后表层的土壤中检测到 Sn 元素，而 Pb 元素在 1 号和 4 号试样腐蚀后周围的土壤中均为检测出来，结合第 4 章结果，说明 Cu 优先溶解并迁移至土壤中。

为清楚地表示青铜在土壤腐蚀过程中 Cu、Sn、Pb 三种元素的溶解、迁移、沉积后残留的顺序，参照国内外研究中心有关溶解因子的概念。采用因子 $f_{Cu/Sn}$、$f_{Cu/Pb}$ 和 $f_{Sn/Pb}$ 表示各层腐蚀产物中 Cu、Sn、Pb 三种元素的残留的情况，简称残留因子。三种因子按公式 1 至 3 计算：

$$f_{Cu/Sn} = \frac{w_{Cu, layer} / w_{Sn, layer}}{w_{Cu, layer} / w_{Sn, alloy}} \quad \text{公式 1}$$

$$f_{Cu/Pb} = \frac{w_{Cu, layer} / w_{Pb, layer}}{w_{Cu, layer} / w_{Pb, alloy}} \quad \text{公式 2}$$

$$f_{Sn/Pb} = \frac{w_{Sn, layer} / w_{Pb, layer}}{w_{Sn, layer} / w_{Pb, alloy}} \quad \text{公式 3}$$

其中：$w_{Cu, layer}$、$w_{Sn, layer}$、$w_{Pb, layer}$ 分别表示某距离处腐蚀产物中 Cu、Sn、Pb 三种元素的相对含量；

$w_{Cu, alloy}$、$w_{Sn, alloy}$、$w_{Pb, alloy}$ 分别表示青铜合金中 Cu、Sn、Pb 三种元素的相对含量。

当 $f_{Cu/Sn}=1$ 时，该距离处铜、锡的比例与合金中的相同；

当 $0<f_{Cu/Sn}<1$ 时，该距离处铜、锡的比例小于合金中的比例，说明该处锡残留的比例较大，铜相对于锡选择性腐蚀并优先迁移出去；

当 $f_{Cu/Sn}>1$ 时，该距离处铜、锡的比例大于合金中的比例，说明该处铜残留的比例较大，锡相对于铜选择性腐蚀并优先迁移出去。

同理，可以推断 $f_{Cu/Pb}$ 和 $f_{Sn/Pb}$ 三种情况时 Cu、Sn、Pb 三种元素的迁移和残留情况。

按公式 1 至 3 计算出 $f_{Cu/Sn}$、$f_{Cu/Pb}$ 和 $f_{Sn/Pb}$。

1号和4号青铜在含腐殖酸土壤中极化后各层腐蚀产物溶解因子比较

元素含量（wt%）	Cu	Sn	Pb	$f_{Cu/Sn}$	$f_{Cu/Pb}$	$f_{Sn/Pb}$
1号青铜基体	88.62	6.61	4.77	/	/	/
1号内层腐蚀产物	17.35	45.85	36.8	0.03	0.03	0.90
1号外层腐蚀产物	31.98	38	30.02	0.06	0.06	0.91
4号青铜基体	73.43	22.67	3.90	/	/	/
4号内层腐蚀产物	22.46	62.77	14.77	0.11	0.08	0.73
4号表面腐蚀产物	24.43	61.87	13.69	0.12	0.09	0.78

从上表可见在不同层锈蚀产物处$f_{Cu/Sn}$、$f_{Cu/Pb}$均小于1，且接近于0，说明该处锡和铅残留的比例较大，大量的铜相对于锡和铅优先迁移出去，土壤中测量数据也表明Cu元素扩散比Sn、Pb远。对于Sn和Pb的迁移顺序，表中数据显示$f_{Sn/Pb}$也小于1，且接近1，说明Pb比Sn残留的多，但这种趋势不太明显。因此在本实验条件下，Cu、Sn、Pb三种元素的迁移顺序是Cu>Sn>Pb。

8.3 腐蚀产物组成分析

XRD检测结果表明1号和4号青铜在含腐殖酸的土壤中恒电流极化腐蚀后表面生成腐蚀产物主要为硫酸铅、锡的氧化物（SnO_2、SnO）或锡酸的化合物、碱式氯化铜。

一般来说腐殖酸主要由C、H、O、N四种元素组成，有时还可能还有S、P。腐殖酸的主要活性基团为羧基、酚羟基和羰基（醛和酮中的C=O），而甲氧基的含量很少。

下图分别是固体腐殖酸、加入腐殖酸溶液的土壤及1号、4号青铜试样在含有腐殖酸土壤中极化7天后表面生成的腐蚀产物FT-IR图。比较四种样品的谱图，固体腐殖酸虽然没有典型有机物那样尖锐的谱峰，但仍存在有机物的一些特点，如含有特征C-H键（$2950cm^{-1}$至$2850cm^{-1}$），含有大量的分子间缔合及分子的内羟基（$3400cm^{-1}$）、羧基和羰基（$1704cm^{-1}$）等。对于加入腐殖酸溶液后的土壤，除具有大量羟基和土壤中的硅酸盐类物质外（$1031cm^{-1}$），主要变化还在于$1700cm^{-1}$和$1600cm^{-1}$处吸收带的消失，而在$1631cm^{-1}$处出现了新的吸收峰，可能是腐殖酸加入土壤后，腐殖酸中的羧酸等活性基团与土壤作用的结果。比较两种不同成分青铜试样在相同条件下生成的腐蚀产物的红外光谱图，发现两者出峰位置很相似，表明这两种腐蚀产物成分基本一致。由物质在$1100cm^{-1}$、$1050cm^{-1}$、$630cm^{-1}$和$598cm^{-1}$附近出现强吸收峰并结合XRD图谱，可以断定该腐蚀产物中含有 $PbSO_4$。在 3336cm^{-1} 和 3355cm^{-1} 附近出现尖锐且较强的吸收峰，初步判断这可能是由氯铜矿中 OH 基团产生的。在 895cm^{-1}、850cm^{-1} 和 516cm^{-1} 附近出现新的吸收峰是 M-O 键振动引起的，可能是 Pb-O 或 Sn-O 键。

通过上述讨论可以推测青铜在含腐殖酸的土壤中的相互作用过程：当腐殖酸浸出液加入土壤中后，腐殖酸中的活性基团与土壤中的物质发生作用，当青铜埋入后，青铜与土壤中的主要离子如 Cl^-、SO_4^{2-}、OH^- 等及腐殖酸中部分基团相互作用，生成一系列腐蚀产物。XRD 测出的氯铜矿中的氯主要是从周围含有氯元素的腐殖酸以及土壤中富集得到的。

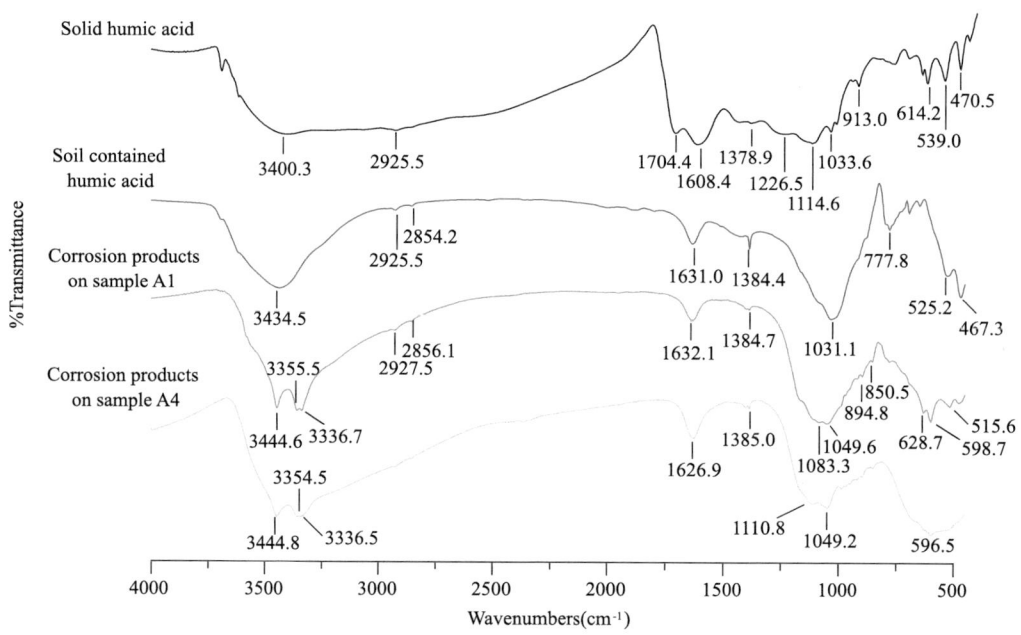

含腐殖酸的土壤与计划试样表面生成铜锈的红外光谱比较

9. 瓯海出土青铜腐蚀物的成因分析

瓯海出土青铜的腐蚀特征从外表看具有表面平整、保存完整，但实际腐蚀严重的特征，并具有代表性。这种腐蚀现象在考察的几个南方地区博物馆中均占有较大的比例。浙江瓯海青铜器腐蚀产物以非晶体 SnO_2 为主。腐蚀从 α 相开始，腐蚀区中往往是 α 相全部腐蚀，α+δ 相轻微腐蚀或尚未腐蚀。对青铜器附近土壤取样分析结果表明，铜随腐蚀向土壤扩散。

第六章　青铜腐蚀与土壤环境关系研究

瓯海出土 M24 剑外表面

电化学加速腐蚀后样品表面

低锡青铜和高锡青铜试样在加含有腐殖酸介质土壤中恒电流（3毫安/平方厘米）极化7天后，获得表面腐蚀产物为硫酸铅、碱式氯化铜和锡的氧化物或锡酸类化合物，与文物样品的主要腐蚀产物类似。土壤埋藏加速腐蚀实验表面腐蚀从 α 固溶体与 α+δ 共析体界面优先腐蚀，并且初生的 α 固溶体比 α+δ 共析体中的 α 相更容易腐蚀，最难腐蚀的是 δ 相。低锡青铜（6.61%）和高锡青铜（23.01%），在三种模拟腐蚀介质中，A 介质：10 克/升酸性腐殖酸溶液；B 介质：模拟土壤的盐溶液 0.0104mol/L Na_2SO_4+ 0.0282 mol/L NaCl+0.0164 mol/L $NaHCO_3$；C 介质：模拟土壤的碱溶液 0.1 mol/L $NaHCO_3$+0.01 mol/L Na_2CO_3，电化学动电位扫描时同一电位下的腐蚀速率均随着温度的升高而升高。低锡青铜和高锡青铜，在宽泛的强极化区及钝化区，在盐介质中瞬时腐蚀速率最大，其次是酸性介质中，碱性介质中最小，而且在碱性介质中有明显的钝化区且容易钝化。在阴极极化区、阳极弱极化区、阳极 Tafel 区，在 C 介质中的瞬时腐蚀速率最大，B 介质中其次，A 介质中最小。电化学极化曲线表明，一般情况下，青铜的瞬时腐蚀速率随锡含量的升高而降低，但在恒电位极化下的 A 介质中，锡含量为 11.94% 的 2 号青铜试样的平均腐蚀速率最高。在实验所研究的埋藏天数（120

天）内，低锡和高锡青铜在 A 介质和 B 介质中腐蚀较快，且只有 Cu 元素向土壤中迁移，在 C 介质中腐蚀速度较前两者慢。低锡青铜和高锡青铜在含有 A 介质土壤中恒电流（3 毫安 / 平方厘米）极化 7 天后，腐蚀均较严重，在不同层的锈蚀产物处 $f_{Cu/Sn}$、$f_{Cu/Pb}$、$f_{Sn/Pb}$ 均小于 1，得出在本实验条件下，Cu、Sn、Pb 三种元素的迁移顺序是 Cu>Sn>Pb，残留顺序是 Pb>Sn>Cu。

综合瓯海青铜器腐蚀特征以及模拟实验的结果，初步分析了瓯海青铜器腐蚀产物的生成原因：

（1）青铜腐蚀过程中铜的反应

在 Cu-H_2O 体系的电位 –pH 图中[①]，pH 值低于 7 时存在酸性腐蚀区，pH 值高于 7 时存在碱性腐蚀区，pH 值结语 7-11 时，可能产生钝化，不同的区域由于反应历程不同而形成不同的反应产物。另由下图可见，在 pH 值相同时，Cu 的电极反应线在氢电极反应线上，因此，Cu 的腐蚀不是析氢腐蚀而是吸氧腐蚀。结合测试结果可知腐蚀产物是含氧的 SnO_2，少量 Cu_2O 及少量氯铜矿，因此腐蚀的阴极过程为氧去极化过程：

$$O_2+4H^++4e \rightleftharpoons 2H_2O$$

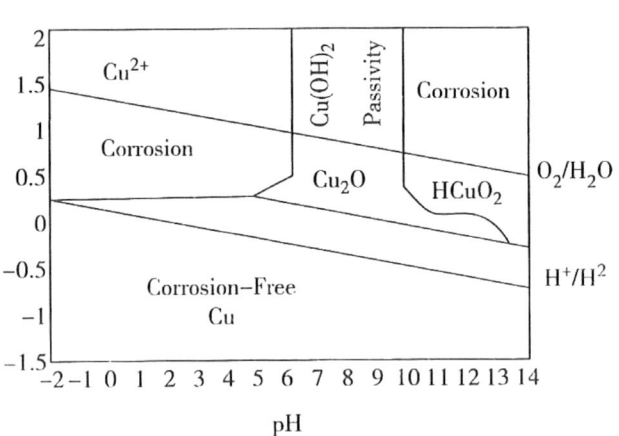

Cu-H_2O 体系的电位 –pH 图

通过测试青铜模拟试样（5% 锡、2% 铅）在模拟瓯海土壤溶液中的自腐蚀电位（下图）可见自腐蚀电位稳定在 –0.02V（相对于饱和甘汞电极），换算成标准氢电极电位为 0.221V。参考 Cu-H_2O 体系的电位 –pH 图，青铜腐蚀过程中由以下电极反应组成：

---

① 杨熙珍，等．金属腐蚀电化学热力学电位 –PH 图及其应用．北京：化学工业出版社，1987：31．

$$2Cu-4e=2Cu^{2+}$$

阳极铜氧化不是简单的一步反应后直接形成 Cu^{2+}，而是铜原子由晶格中脱出，先变成吸附态的铜原子；吸附态的铜金属原子失去一个电子变成金属离子，再失去一个电子变成二价离子。铜腐蚀的氧化过程分成两步，即：

$$Cu-e=Cu^+$$

$$Cu^+-e=Cu^{2+}$$

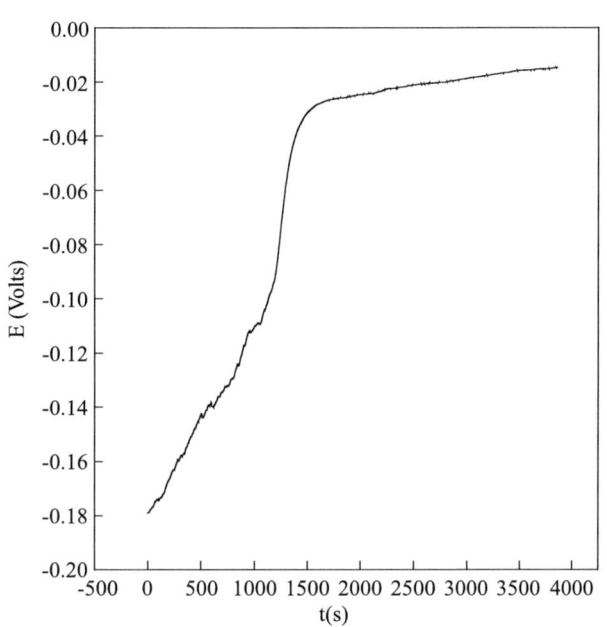

模拟样品在25℃腐殖酸模拟介质中的自腐蚀电位图

当系统处于电化学平衡状态时，存在 $Cu \rightleftharpoons Cu^+ \rightleftharpoons Cu^{2+}$。

由于瓯海土壤中存在一定量氯离子，氯离子与 Cu^{2+} 结合形成 $CuCl_2$。$CuCl_2$ 易溶于水，因此可能通过这个途径，Cu^{2+} 逐渐流失并扩散到周围环境。

氯离子与 Cu^+ 可以生成 CuCl。CuCl 不稳定，继续发生如下反应：

$$CuCl+4H_2O \rightleftharpoons Cu_2O+HCl$$

在氧气存在的情况下发生如下反应：

$$4CuCl+4H_2O+O_2 \rightleftharpoons CuCl \cdot 3Cu(OH)_2+2HCl$$

因此青铜腐蚀产物中检测出了少量 Cu_2O 及少量 $CuCl \cdot 3Cu(OH)_2$。

（2）青铜腐蚀过程中锡的反应

金属铜为面心立方晶格。α 相即 Sn 在铜中的置换固溶体，青铜 α 相的原子结构与铜的一致，其性能与金属铜类似，溶解在铜晶格中的锡反应后生成锡的腐蚀物。二氧化锡的标准吉布斯自有能 $-519KJ\cdot mol^{-1}$，锡的 +2 价化合物比 +4 价的稳定性小，因此锡直接氧化生成二氧化锡。二氧化锡不溶于水及酸等物质而沉积下来。二氧化锡对金属基体具有保护作用，δ 相中的锡含量较高，因此 δ 相具有较好的耐蚀性。

附录一　瓯海西周土墩墓出土青铜器的实验室考古清理*

2003年9月，在浙江省温州市瓯海区发现一座西周时期的土墩墓，出土了鼎、簋、铙等三件青铜礼乐器，以及矛、戈、剑、镞等一批青铜兵器，同时出土的还有玦、镯、柄形器等玉器[①]。其中一部分青铜器发现时已经高度矿化，稍一触碰就会酥解粉碎，为保护这批文物，发掘者在现场采取了带土提取的方法。带土提取后的文物呈现出多层叠压的状态，有的与土混合堆叠成团，随着水分的逐步蒸发，土壤干燥后所产生的应力，随时可能造成文物的断裂损坏，保存状态非常不稳定。2006年4月，这批带土文物被送至中国文物研究所（现更名为中国文化遗产研究院）金属实验室进行保护处理。

为妥善保护好这批文物，中国文物研究所金属实验室成立了专门的项目组。如何在安全提取和保护好文物的同时，又比较充分地获取考古信息，是本次工作的关键所在。项目组经过与考古、文物保护学者的讨论交流，提出了实验室考古清理的概念，并在具体实施过程中摸索出一些较好的方法。经过近一年的研究性保护处理，至2007年5月完成了项目设计要求，使这批青铜器被安全提取，并在相对稳定的状态下得到保护。现将工作过程报告如下。

1. 实验室考古清理的作用

考古工作者在田野环境中难以开展清理的情况下，往往对特殊的发掘对象进行整体提取，然后转入室内清理。这种室内清理是田野考古的延续，所以也如田野发掘那

---

*

[①] 陈元甫等：《浙江瓯海杨府山西周土墩墓发掘简报》，《文物》2007第11期。

样，非常注意获取考古信息。但面对难以提取的脆弱文物，则只能在保护的前提下，进行清理和提取。如何提取和保护，是考古室内清理难以解决的问题，为此，考古工作者便需邀请文物保护工作者参加或交由文物保护工作者进行室内清理。我们这次清理的浙江瓯海西周土墩墓中带土提取的文物，不是由发掘单位直接送交项目组的，而是由浙江瓯海文博馆送来的，最初的目的仅是要求项目组从土中安全提取并保护好这批脆弱的文物。但是，项目组考虑到这些带土的文物还可能保存着许多考古信息，故拟定运用现有的技术手段，在从土中安全提取、保护好脆弱文物的同时，尽量获取带土文物中包含的埋藏环境、文物之间以及文物同墓主人的关系等类考古信息。这项工作，无论从目的还是从技术手段来看，已经超出了考古室内清理的范畴，暂可称之为实验室考古清理。这里我们使用"实验室考古清理"的名称，而非《北周孝陵发掘工地石膏封护提取文物的保护技术》等文章中提出的"实验室的微型发掘"[①]，是为了与我国考古学已惯用的"室内考古清理"既相区别、又相衔接。

2. 实验室考古清理的技术路线

2.1 保存状况

面对糟朽、易碎而且堆积关系复杂的文物，为了有效加以保护并搞清楚它们之间的关系，考古学者在发掘现场经常采取整体提取技术，如用石膏封护提取、套箱提取等，近几年则常采用更轻便的树脂做为封护提取材料。这些技术的采用，保存了脆弱文物以及遗物间的层位关系，为转入室内后细致地清理、进行文物保护并获取相关考古信息创造了条件。

瓯海西周土墩墓出土的M1:22和M1:24这两把青铜剑上下叠压，中间夹有玉玦。由于铜器矿化严重，在考古发掘现场整体带土加以提取。这两把铜剑腐蚀严重，轻触就会酥解掉块，如果不进行加固处理就无法移动和提取，更无法有效保护。面对如此脆弱的文物及其复杂的埋藏关系，项目组提出如下一些问题：（1）除两把铜剑和一件玉玦外，土中是否还埋藏有其他文物；（2）是否还存在剑鞘残迹等文物信息；（3）怎

---

① 哈特姆特·冯·雷克夫斯基：《北周孝陵发掘工地石膏封护提取文物的保护技术》，见《让过去拥有未来：十五年德中文物保护方法的发展与检验》第271页，罗马—日尔曼中央博物馆，2006年。此文提到针对发掘现场复杂的复合层遗物的提取技术，采取了实验室的"微型发掘"步骤。

样的保护处理方法才能保证文物的安全和文物承载的信息不被丢失;(4)对带有信息的残存痕迹如何进行保护处理。如何解决这些问题成为本次工作的重点和难点。

2.2 检测分析

为了保证安全提取并剥离文物,我们先进行了相关的检测分析。

为探明土下的 M1:24 号铜剑的保存情况,以及土壤中是否还有其他文物,进行了 X 光探伤检测分析。检测结果表明,埋藏在 M1:22 号铜剑之下的 M1:24 号铜剑,边缘已呈现破碎状,腐蚀严重。M1:24 的剑尖在 M1:2 的下方。两把剑中间的玉玦肉眼可见,却没有成像。因此,不能判定土壤内是否还存在其他玉石类文物。

分离文物时水是良好的土壤软化剂,然而水量过少难以软化土壤,水量过多则将对下层的铜剑和玉器造成污染。同时,金属文物高度矿化后,形成疏松多孔的锈蚀层,水的浸泡也可能会导致锈蚀层部分溶解或崩塌。为了对水量进行有效控制,就需要了解土壤的性质。为此,我们请北京市建设综合勘察设计研究院协助进行了土工实验,检测结果如表一。

表一 土工实验的检测结果

检测项目	比重 Gs	液限 WL%	塑限 WP%	塑性指数 IP	土壤名称
检测结果	2.72	32	18	14	粉质黏土

说明:鉴于土壤样品量,只能对土工实验中的部分项目进行检测。

检测结果表明,上述文物埋藏的土壤为粉质黏土。黏性土壤的特征是随含水率的变化而变化,含水率不同时,根据界限含水率可分别处于固态、半固态、可塑状态及流动状态。可塑状态的土壤比较松软,易于剥离,因此使土壤保持在可塑状态最有利于在保证文物安全的前提下进行清理。检测结果表明,这种土壤的液限 Wl% 是 32,液限 WP% 是 18,也就是说保持含水率在 18%~32% 之间最有利于土壤的剥离。

2.3 明确技术路线

根据土工实验对给水量的施加所规定的这个理论范围,我们在实施过程中用滴管注水,速度均匀而缓慢,使水充分渗入土中,并始终使土壤保持塑性状态。同时,为了保证不同层位脆弱文物的安全,在分离时使用石膏加以定位。

项目组决定仿效考古发掘,从上向下逐层剥离。M1:22 号铜剑腐蚀严重,尤其是边缘残损较多，其原来的尺寸大小已经无法准确了解。然而其腐蚀产物在土壤上留下了比较清晰的轮廓痕迹，对认定铜剑原来的尺寸具有一定意义。因此我们决定把这一痕迹作为单独的一个层次，即 M1：22 号铜剑的痕迹层。加上肉眼可以分辨的三个层次，即 M1：22 号铜剑层、玉玦层、M1：24 号铜剑层，确定按照这四个层次进行剥离。

3. 实验室考古清理的实施过程

3.1 工作步骤

首先，对第一层的 M1：22 号铜剑加以剥离，拍摄不同角度和细节的照片，并绘制相对位置关系图。此铜剑在运输过程中已经与土壤分离，将其轻轻取出并单独进行了保护处理。

接下来剥离 M1：22 号铜剑的痕迹层。采用 3% B72 丙酮溶液对土壤表面进行加固处理，然后用石膏固定正面和一侧，石膏硬化后，整体侧立，用水软化土层后剥离出残留的铜剑痕迹层。

将剥离后的第二层倒置在桌面上，意外地发现了一些绿松石，旁边还有一些黑色膜状物。绿松石与周围黑色膜状物质的位置关系紧密，没有扰动痕迹，因此判断绿松石应该是处在原始位置，即在两组玉玦中间。初步确定这是一处包含有重要考古信息的痕迹。

然后再剥离玉玦层。剥离第二层后，转成平放，缓慢除去土，露出第三层。第三层中两组玉玦相对放置，对应关系明确，明显是有意而为，包含有重要的考古信息。

最后，对第四层的 M1：24 号铜剑加以 剥离。移走玉玦后，露出 M1：24 号铜剑，器物残损严重，高度矿化，与 X 光片的检测结果一致。铜剑表面还残留有类似木头纹路的痕迹，在对器物进行保护处理时，对此信息给予了保存。

3.2 相关考古信息的分析

在分离文物的过程中我们发现了一些重要考古信息，有可能与剑鞘相关。为考证这一问题，进行了相应的考察分析。

取少量 M1：22 号铜剑下的土壤，在体视显微镜下观察，发现了木材的组织结构，可能与剑鞘有关。同时，在剥离第二层的 M1：22 号铜剑痕迹时，还看到一些有机质腐朽后形成的黑色物质。另外，M1：24号铜剑上也有木头腐朽后残留的竖纹痕迹，推测应该也有剑鞘。

取少量上述的黑色膜状物质进行红外分析，检测结果的峰值，与以往发表的古代漆器样品的大漆峰值相比，数值接近（表二）。表明这种黑色物质极有可能也是大漆，在木质剑鞘表面应有大漆涂覆。

表二 已公布的古代漆器红外吸收峰值[①]与本次样品检测结果的比较

Kenjo 检测的日本古代漆器样品数据 /cM^{-1}	Derrik 检测的中国古代漆器样品数据 /cM^{-1}	马清林检测的中国古代漆器样品数据 /cM^{-1}	三星堆样品数据 /cM^{-1}	本次实验的数据 /cM^{-1}
3400	3450	3421	3400～3500	3425
2925	2926	2938	2938	2927
2850	2885	2856	2856	2855
1430～1465	1435～1465	1653	1740～1780	1706
1595～1720	1315	1541	1653	1566
1065	1145～1165	1240	1435	1408
993	1050～1090	1084	1240	1035
			1010～1085	

综上所述，我们认为瓯海西周土墩墓出土的铜剑可能存在木质剑鞘，表面涂覆大漆，并镶嵌绿松石。

3.3 对考古信息的保护处理

如上所述，经过对痕迹的观察，判断可能为M1：24号铜剑残存的剑鞘痕迹。这一现象所显示的考古信息十分重要，应该予以保存。然而保留这个痕迹，将破坏M1：22号铜剑残留在土壤中反映此剑原来尺寸的痕迹。考虑到M1：22号铜剑在考古现场已经暴露出来，且其尺寸大小已能根据留在土中的痕迹予以测量，只需进行摄影、绘图，记录存档即可。权衡利弊，我们只将M1：24号铜剑残留在土壤中的剑鞘痕迹予以保留。

为了保存M1：24号铜剑残存的剑鞘痕迹，我们做了处理。黑色部分为保留的剑

---

① 表二中第1～3列数据引自马清林等：《中国文物分析鉴别与科学保护》第13页表4.4"中国古代漆器和东方古代漆器特征及常见的红外吸收峰值"，科学出版社，2001年。第4列数据引自曾中懋：《三星堆祭祀坑出土金面头像上的铜—金黏合剂分析》，《文物科技研究》2005年第3期。

鞘痕迹，其下的依托体是我们制作的铜剑模型。之所以做这样的处理，是为了说明剑鞘痕迹与剑的关系。理想的目标是既要有效保护残存的剑鞘痕迹，又能保存此痕迹与剑的关系。至于采取的方法是否合适，仍可讨论。

结　语

　　本次工作采用类似考古发掘的方法，从上至下，在逐层剥离出并安全提取文物的过程中，观察到肉眼可见的一些考古信息，如发现另一组玉玦；还通过检测分析，揭示了肉眼不能分辨的一些信息，如木质剑鞘的相关信息等。由此，基本上完成了项目设计的安全提取文物和发现新的遗存、新的考古现象和信息等多重要求。

　　无论是提供这组文物的瓯海文博馆，还是负责清理这组文物的中国文物研究所项目组，在最初都只认为剥离和安全提取文物是此次工作的主要任务。我们是在工作过程中，发现了新的文物、新的考古现象和文化信息，才注意到应该按照考古学的方法进行工作。这种被动的局面，加上项目组人员缺乏考古学的基本训练，因此在开始时造成一些失误，如记录、绘图、摄影不够规范等。在请教了考古专家并得到他们的帮助之后，才逐渐变被动为主动，注意并采用考古学方法去寻找、记录和保存可能发现的新的文物、新的考古现象和信息。这既是这次工作的教训，也是宝贵的经验。通过这次工作，我们提出了实验室考古清理这一概念，并认为它既是田野考古的延续，又与田野考古相区别。除了应在有效保护的前提下剥离、提取文物并伴以必要检测外，同时还应该注意发现新的文物、现象和信息，考察文物和相关信息之间的联系，并将它们保存和记录下来，以供下一步的考古研究使用，这就是实验室考古清理的基本内涵。

　　附记：针对发掘现场复杂的复合层遗物的提取技术，在最初成文时按照西语译文写成"实验室考古微型发掘"。潘路、乔梁、刘兰华等学者认为这个名词值得商榷，后来根据张忠培先生的意见，认为采用"实验室考古清理"一词比较准确，既与通常所说的考古学室内清理相衔接，又赋予其文物检测和保护的相关内容。在本文写作过程中，张廷皓、马清林、乔梁、刘兰华、詹长法等先生对本文进行了具体指导。杨森、周霄协助进行了X光探伤检测分析，张治国、宋燕协助进行了电镜和XRD分析，在此一并表示感谢。

附录二 瓯海出土一件西周青铜器腐蚀成因研究*

引 言

2003年9月，在浙江省温州市瓯海区发现了一座西周晚期土墩墓，出土了铙、簋、鼎各1件和矛、戈、剑、镞等一批青铜兵器[①]。腐蚀严重的剑及矢镞等在考古现场采取了整体带土提取的方法。

从表面观察瓯海出土的青铜器外观平整，保存状况较好，但在移动时稍有磕碰就会破碎，一旦贸然放入液体溶液中清洗，就可能发生溶胀和崩解现象，使文物受到巨大损害。此类锈蚀状况研究成果报道较少。

Scott D. A通过分析青铜断面层的组织形态，绘制出铜合金不同的腐蚀层形貌[②]。赤铜矿和孔雀石铜锈上分布着坑状或泡状物，原始表面受到破坏；薄层赤铜矿上生长了孔雀石和蓝铜矿，但保持了原始表面。L. Robbiola通过对典型青铜锈蚀物的断面形貌检测及主成分分析，认为青铜的腐蚀结构分为基体层、中间层和过渡层三层，分别是合金组成层、致密腐蚀产物层、含有土壤成分的腐蚀产物层。根据腐蚀层表面形态把表面分成两类，一类是平整表面，指表面平整紧密，由于在土壤电位下铜发生选择性溶解，锡原位沉积，锈蚀物的增长受控于阳离子迁移，因此这种锈蚀物对青铜文物进一步腐蚀有阻碍作用。二是粗糙表面，指原始表面出现严重损害，由于合金溶解及铜

---

*

① 吴学功，李永嘉，陈元甫，等. 浙江瓯海杨府山西周土墩墓发掘简报[J]. 文物，2007（11）：25-36.

② David A S. Copper and bronze in art: corrosion, colorants, conservation [M]. Los Angedes: Getty Wnservation Institute, 2002.

沉积，氯等阴离子扩散而后形成了铜离子多孔层，出现高低不平或瘤状起伏[1]。Chase[2] 用离子迁移概念考察了中国青铜的腐蚀结果，认为 α 相已经溶失，留下未腐蚀的岛状 α+δ 相，器物表面形成富锡氧化物的光滑水锈层，对应于阳离子控制的腐蚀过程。孙淑云等[3]采用扫描电镜、X-光电子能谱和X-射线衍射仪，推断黑漆古铜镜的形成是经过了氧化-络合-水化-水解-凝胶析出等一系列变化，铜由于腐殖酸络合而流失，锡不发生络合富集于表面，最后形成以二氧化锡细晶为主的表面层。刘煜等[4]对天马曲村周代晋国墓地出土的具有豆绿色珐琅质光泽的青铜进行了检测，发现这种青铜保存状况较好，表面富锡，选择性腐蚀使表面层中 α 相优先腐蚀，而保留较多的 α+δ 相。

本工作主要研究瓯海出土的表面平整青铜器的腐蚀产物特征和形成原因，揭示腐蚀形貌及腐蚀产物成分与腐蚀环境间的关系。

1. 实验方法

1.1　样品制备

取 M24 青铜剑的碎渣剔除泥土后，研磨成粉末样品，编号 OZ-B-1。M24 青铜剑上无法复原的残块经过镶嵌、打磨抛光后，金相观察截面，编号 OZ-B-2。取少量 M24 青铜剑下的土壤，编号为 OZ-T-1。

1.2　pH 值测定

Phs-3C 精密 pH 计，玻璃电极法，见 GB 6920-86。

---

[1] Robbiola L, Blengino J M, Fiaud C. Morphology and mechanisms of formation of natural patinas on archaeological Cu-Sn alloys [J]. Corr Sci. 1998, 40 (12): 2083-2111.

[2] David A S. Copper and bronze in art: corrosion, colorants, conservation [M]. Los Angedes: Getty Wnservation Institute, 2002.

[3] 孙淑云，马肇曾，金莲姬，等. 土壤中腐殖酸对铜镜表面"黑漆古"形成的影响 [J]. 文物，1992，(12): 79-89.

[4] 刘煜，原思训，张晓梅. 天马-曲村周代晋国墓地出土青铜器锈蚀研究 [J]. 文物保护与考古科学，2000，12 (2): 11-18.

1.3 离子色谱分析

仪器型号为 ICS-90 的离子色谱仪。阴离子测试条件：见 GB/T14642-1993，柱子型号 AS14A，淋洗液流速每分钟 1.0 毫升，柱压 12.4 兆帕。阳离子测试条件：见 GB/T15454-1995。柱子型号 CS12 A，淋洗液流速每分钟 1.0 毫升，柱压 8.5 兆帕。

1.4 X-射线荧光光谱（XRF）

仪器型号：EDX-800HS（日本岛津公司制造）。测量条件：铑靶（Rh）；电压：Ti-U 50 千伏；Na-Sc 15 千伏；测量环境：真空；测量时间：200 秒。

1.5 X-射线衍射分析（XRD）

仪器型号：MSAL，测量条件：铜靶；狭缝：DS=SS=1°，RS=0.30 毫米；电压：40 千伏；电流：100 毫安。

1.6 金相组织观察

Leica DM4000M 材料显微镜，目镜放大倍数为 10 倍。样品经过镶样、磨光、抛光，观察金相组织并拍照。

1.7 扫描电镜（SEM）分析

日立公司 S-3600N 型扫描电镜（SEM），加速电压 20 千伏，用导电胶把样品直接粘在样品台上喷碳后观察；EDAX 公司 DX-100 型 X 射线能量色散谱仪（EDS），工作电压 15 千伏。

2. 实验结果

2.1 土壤分析结果

测得土壤 pH 值为 5.06，呈弱酸性。

土壤中所含离子成分及含量，见表 1。可见 HCO_3^- 含量较高，并含有 Cl^-、SO_4^{2-} 和 NH_4^+ 等。

表 1　OZ-T-1 离子色谱分析结果（mg·L^{-1}）

离子	Na^+	K^+	Mg^{2+}	Ca^{2+}	NH_4^+	F^-	Cl^-	SO_4^{2-}	NO_2^-	HCO_3^-
浓度	5.66	8.97	3.70	1.79	9.95	0.14	7.97	7.65	0.07	37.17

2.2　显微镜观察

青铜器残渣样品 OZ-B-1 在体视显微镜下，为淡蓝绿色粉末。青铜残块 OZ-B-2 样品在金相显微镜下腐蚀产物呈浅蓝色，表面存在龟裂、孔洞和白色角状物，亮白色角状结构与常见的（α+δ）相组织相似。虽然腐蚀严重，但腐蚀形貌似乎保持了原铸造组织中的结构。

2.3　XRF 分析结果

OZ-B-1 样品的 XRF 测试结果见表 2，从表可见，腐蚀产物的主要元素是 Sn 和 Cu，还有少量 Ca、As、Pb 和 P。腐蚀产物中 Cu∶Sn 为 0.38，Sn 含量非常高。

表 2　X 射线荧光光谱分析结果（wt%）

成分	Sn	Cu	Ca	As	Si	Pb	P	Cu∶Sn
OZ-B-1	65.74	24.66	4.23	1.77	1.63	0.93	0.91	0.38

2.4　XRD 分析结果

OZ-B-1 样品的 XRD 测试结果分析可知主要为 SnO_2，并有少量 Cu_2O、SnO_2 主要以非晶态形式存在。

2.5　SEM 和 EDAX 分析结果

样品 OZ-B-2 从外部到内部，以及内部局部放大后的 SEM 和 EDAX 测试结果，见表 3。

样品边缘的组织形态，锡含量高达 80%，而铜含量仅 15% 左右，即 Cu∶Sn 约为 0.2，这与原始青铜配比有很大不同，因为青铜的室温组织主要为 α 相和 δ 相，α 固溶体中锡的最大溶解度理论值为 15.8%，即 Cu∶Sn 为 5.3。而 δ 相，以电子化合物 $Cu_{31}Sn_8$ 为基的固溶体，Cu∶Sn 为 2.07，因此由于铜绝大部分腐蚀后铜离子迁移出去而留下锡的腐蚀产物。另外测得的少量 P 和 Si 应该是来自土壤。

样品内部的完全腐蚀区域 α+δ 相"痕迹"[①] 清晰可辨，从表 3 看，腐蚀产物中 Cu：Sn 为 0.195，内、外部完全腐蚀区域的腐蚀物成分比较均匀。

未完全腐蚀的 α+δ 相中的 α 相腐蚀严重，腐蚀产物组成 Cu：Sn 为 0.126 和 0.164，接近完全腐蚀区域的元素比例。表 3 中的 3、5 位置 Cu：Sn 为 2 左右，与 δ 相的 Cu：Sn 几乎一致。因此 δ 相未腐蚀。结合金相观察可见越靠近金属芯部，未腐蚀的 δ 相分布越多。

表3 M24 剑（OZ-B-2）EDAX 分析结果（%）

分析位置		元素成分				
		Cu	Sn	P	Si	Cu：Sn
a 腐蚀层外部	1	15.78	80.53	1.64	2.04	0.196
b 完全腐蚀层中的 α+δ 痕迹相	2	15.92	81.55	/	2.52	0.195
c 未完全腐蚀的 α+δ 相	3	67.02	32.98	/	/	2.03
	4	11.16	88.84	/	/	0.126
	5	66.40	33.60	/	/	1.976
	6	14.07	85.73	/	/	0.164
d 未完全腐蚀的 α "痕迹"	7	49.84	50.16	/	/	0.3
	8	16.83	77.69	/	/	0.217

3. 讨 论

浙江瓯海出土青铜的腐蚀环境具有如下特征：土壤比重是 2.72，一般的土粒比重范围为 2.45 至 2.85，比重较大，密实、孔隙率较小，造成透水性和透氧性比较差。pH 值为 5.06，显示埋藏环境呈弱酸性。离子色谱分析显示土壤中 NH_4^+、HCO_3^- 含量高，还有一定量 Cl^- 和 SO_4^{2-}。

M24 剑已发生严重腐蚀，剑体表面 α 相和 α+δ 相几乎完全腐蚀，越靠近金属芯部位，留存的未完全腐蚀的 α 相及没有腐蚀的 δ 相越多，α 相完全腐蚀后保留原晶粒形状及未腐蚀的 δ 相形貌清晰可辨，因此可以推断 α 相比 δ 相优先腐蚀。腐蚀后

[①] 孙淑云，周忠福，李前懋，等. 铜镜表面"黑漆古"中"痕像"的研究［J］. 自然科学史研究，1996，15（2）：179–188.

大量的铜离子迁移出去，因此腐蚀区外层的腐蚀产物以锡的氧化物为主。

3.1 青铜腐蚀过程的铜反应

在 $Cu-H_2O$ 体系的电位 –pH 图中[①]，pH 值低于 7 时存在酸性腐蚀区，pH 值高于 7 时存在碱性腐蚀区，pH 值 7–11 时，可能发生钝化反应，不同的区域由于反应历程不同而形成不同的反应产物。在相同 pH 值时，Cu 的电极反应线在氢电极反应线上，因此，Cu 的腐蚀不是析氢腐蚀而是吸氧腐蚀。结合测试结果可知腐蚀产物是含氧的 SnO_2，少量 Cu_2O 及少量氯铜矿，因此腐蚀的阴极过程为氧去极化过程：

$$O_2+4H^++4e \rightleftharpoons 2H_2O$$

通过测试青铜模拟试样（5%锡2%铅）在模拟瓯海土壤溶液中的自腐蚀电位可见，自腐蚀电位稳定在 –0.02 伏（相对饱和甘汞电极），换算成标准氢电极电位为 0.221 伏。参考 $Cu-H_2O$ 体系的电位 –pH 图，青铜腐蚀过程中由以下电极反应组成，

$$2Cu \rightleftharpoons 2Cu^{2+}+4e$$

阳极铜氧化不是简单的一步反应后直接形成 Cu^{2+}，而是铜原子由晶格中脱出，先变成吸附态的铜原子；吸附态的铜金属原子失去一个电子变成金属离子，再失去一个电子变成二价离子。铜腐蚀的氧化过程分成两步，即：

$$Cu+e=Cu^+$$
$$Cu^++e=Cu^{2+}$$

当系统处于电化学平衡状态时，存在 $Cu \rightleftharpoons Cu^+ \rightleftharpoons Cu^{2+}$，由于瓯海土壤中存在一定量氯离子，氯离子与 Cu^{2+} 结合形成 $CuCl_2$，$CuCl_2$ 易溶于水，因此可能通过这个途径，Cu^{2+} 逐渐流失并扩散到周围环境。

氯离子与 Cu^+ 可以生成 CuCl。CuCl 不稳定，继续发生如下反应：

$$CuCl+4H_2O \rightleftharpoons Cu_2O+HCl$$

在氧气存在的情况下发生如下反应：

$$4CuCl+4H_2O+O_2 \rightleftharpoons CuCl\cdot3Cu(OH)_2+2HCl$$

因此青铜腐蚀产物中检测出了少量 Cu_2O 及少量 $CuCl\cdot3Cu(OH)_2$。

[①] 孙淑云，周忠福，李前懋，等.铜镜表面"黑漆古"中"痕像"的研究［J］.自然科学史研究，1996，15（2）：179-188.

3.2 青铜腐蚀过程的锡反应

金属铜为面心立方晶格。α 相即 Sn 在铜中的置换固溶体，青铜 α 相的原子结构与铜的一致，其性能与金属铜类似[①]，溶解在铜晶格中的锡反应后生成锡的腐蚀物。二氧化锡的标准吉布斯自由能 $-519KJ·mol^{-1}$，锡的 +2 价化合物比 +4 价的稳定性小，因此锡直接氧化生成二氧化锡。二氧化锡不溶于水及酸等物质而沉积下来。二氧化锡对金属基体具有保护作用，δ 相中的锡含量较高，因此 δ 相具有较好的耐蚀性。

4. 结　论

（1）瓯海出土青铜由于埋藏环境的作用，腐蚀产物主要为非晶型的 SnO_2 及少量 Cu_2O。

（2）瓯海出土青铜 α 相优先腐蚀，留下了少量 δ 相未被腐蚀。

（3）腐蚀严重的以 SnO_2 为主要腐蚀产物的瓯海青铜器虽然保持了原有外观形状，但具有易碎，遇到溶液易溶胀和崩解的特点。

---

① 宋维锡. 金属学［M］. 北京：冶金工业出版社，1988.

后　　记

　　中国文化遗产研究院应浙江省温州市瓯海区文博馆委托承担了本次"浙江瓯海土墩墓出土西周青铜器抢救性保护修复项目"。经过项目组全体成员的辛勤工作和技术攻关，我们圆满完成了对该批青铜器抢救性保护修复工作，在一定程度上恢复了文物的完整性，更好地展现出了器物所蕴含的历史信息。通过对修复过程的总结研究，也丰富了我们对青铜腐蚀产物与机理的研究，进一步深入了解了青铜腐蚀与土壤环境的关系，为古代青铜器的修复保护工作提供了一点新的思路。

　　在此次文物修复过程中，项目组与马清林、乔梁、刘兰华、詹长法、赵桂芳、郭宏、冯耀川、霍海俊等学者进行深入交流，他们在项目进行中的各个阶段均给出诸多意见和指导。在此，向所有给予过项目组支持的单位，全力帮助过项目组的专家们以及在此次修复工作中不懈努力的各位文物保护工作者致以衷心的感谢。